A MUFFIN FOR YOUR DAILY LIFE

新版
外はカリっと、中はしっとり！　まいにち食べたい
デイリーズマフィン

はじめに

Daily's Muffin TOKYOは2014年に蔵前にオープンしたマフィンの専門店です。
インテリアの仕事をしてきた私が店舗デザインを行ない、
フランス菓子のパティシエだった妻がマフィンを製造するという、夫婦ふたりで作り上げたお店です。

店名のDaily's Muffinは'a muffin for your daily life'をコンセプトに、
「マフィンを日常的に、そして気軽に食べてもらいたい」という思いを込めてつけました。

毎日食べてもらえるように、おいしいことはもちろんのこと、飽きないくらい豊富な種類も必要だと思い、
週替わりで新しいメニューを登場させてきました。
そして気がつけば700種類以上ものレシピが完成していて、
現在も旬の食材を取り入れた新メニューが毎日のように生まれています。

マフィンの種類はスイーツ系の「デザートマフィン」と食事系の「おかずマフィン」の2つ。
それぞれの生地や具材は違うのですが、共通していることは〝外はカリッと、中はしっとり〟とした、
一度食べたら忘れられなくなる独特の食感。
特別な素材を使うわけでも、高度なテクニックが必要なわけでもありません。
スーパーなどで買えるような普通の素材を使い、ボウル1つで作れる手軽さがマフィンのよいところ。
基本の生地さえ作れば、あとは好みのフィリングを入れるだけで
あっという間においしいマフィンができ上がります。

そんなマフィンの魅力やおいしさをおすそ分けしたくて、お店でも人気のある季節の味、
これまでお客さまに喜ばれた大評判のマフィンをご紹介します。
「おいしかった、また作りたい！」
この本を読んで、そんな気持ちになっていただけたらとてもうれしいです。

古家　和行
古家　あゆみ

INDEX

☞ はじめに ………………………………… 3

☞ マフィンをおいしく作るコツ ………… 6

☞ 具材をおいしく入れる ………………… 8

☞ この本の使い方 ………………………… 8

☞ おいしく仕上げるポイント …………… 9

☞ マフィンのおいしい食べ方 …………… 10

☞ マフィン専門店 Daily's Muffinのこと ……………… 56

☞ マフィンのラッピングアイディア ……… 90

☞ 基本の道具 ……………………………… 92

☞ 基本の材料 ……………………………… 94

BASIC 1
デザートマフィン

基本の生地で作るバニラシュガーマフィン ………………… 12

チョコブロック ………………………………… 14

バナナ&チョコガナッシュ ………………… 15

ショコラオランジェ ………………………… 15

いちご&レアチーズ ………………………… 18

オレンジマーマレード&クリームチーズ ………………… 20

角切りりんご&クリームチーズ ……………… 21

かぼちゃ&クリームチーズ ………………… 24

小倉クリームチーズ ………………………… 25

いちごティラミス …………………………… 28

ティラミス …………………………………… 28

キャラメルバナーヌ ………………………… 30

キャラメルポワール ………………………… 30

アップルシナモン …………………………… 32

フレッシュいちじく ………………………… 34

パイナップル&かち割り黒糖 ……………… 34

4種のベリー ………………………………… 35

洋梨とくるみのキャラメリゼ ……………… 35

ぶどう&アールグレイティー ……………… 38

自家製レモンピール&ホワイトチョコレート ………………… 38

抹茶&ホワイトチョコレート ……………… 42

きなこ黒豆クリームチーズ ………………… 43

黒ごまバナナ ………………………………… 43

ハニーロイヤルミルクティー ……………… 46

ほうじ茶&キャラメル ……………………… 47

チャイラテ …………………………………… 47

クッキー&クリーム ………………………… 50

ラムレーズンクリーム ……………………… 52

レモンカスタード …………………………… 52

アプリコット杏仁クリーム ………………… 53

BASIC 2
おかずマフィン

基本の生地で作るブラックペッパーマフィン…………… 60
ラタトゥイユ………………………………………………… 62
カプレーゼ…………………………………………………… 62
たらもサラダ………………………………………………… 63
チェダーチーズ&くるみ…………………………………… 66
ツナチェダー………………………………………………… 66
スモークサーモン&クリームチーズ……………………… 67
きのことベーコンのパルメザンチーズ…………………… 70
ゴルゴンゾーラ&ハニー…………………………………… 70
自家製ミートソース………………………………………… 71
自家製ミートソース&モッツァレラチーズ……………… 71
チキンとほうれん草のグラタン…………………………… 75
から揚げ&タルタルソース………………………………… 75
野菜カレー…………………………………………………… 78
エッグカレー………………………………………………… 78
自家製コロッケ……………………………………………… 80
ラザニア……………………………………………………… 81

SPECIAL
特別なときのとっておきマフィン

いちごカスタードのタルトマフィン……………………… 84
アップルパイマフィン……………………………………… 85
プチマフィン………………………………………………… 88

FLAVOR & FILLING
【フレーバー&フィリングの作り方】

アイシング………………………………………………………… 9
バニラシュガー………………………………………………… 13
ブラックココアクランブル…………………………………… 17
チョコガナッシュ……………………………………………… 17
レアチーズ……………………………………………………… 19
チーズクリーム………………………………………………… 22
かぼちゃシナモン……………………………………………… 26
クランブル……………………………………………………… 28
ティラミスクリーム…………………………………………… 29
いちごティラミスクリーム…………………………………… 29
キャラメル……………………………………………………… 31
りんごの甘煮…………………………………………………… 33
くるみキャラメリゼ…………………………………………… 36
レモンピール…………………………………………………… 40
クッキー&クリーム…………………………………………… 51
レモンカスタード……………………………………………… 54
ラムレーズンクリーム………………………………………… 54
杏仁クリーム…………………………………………………… 55
ラタトゥイユ…………………………………………………… 65
バジルペースト………………………………………………… 65
たらもサラダ…………………………………………………… 65
ツナペースト…………………………………………………… 69
きのこ炒め……………………………………………………… 72
ミートソース…………………………………………………… 73
チキンとほうれん草のグラタン……………………………… 76
タルタルソース………………………………………………… 77
コロッケ………………………………………………………… 82
ラザニア………………………………………………………… 83
ホワイトソース………………………………………………… 83
タルト生地……………………………………………………… 86
カスタードクリーム…………………………………………… 86

MAKE IT YUMMY!

マフィンをおいしく作るコツ

ボウルに材料を入れてどんどん混ぜるだけ。
身近にある材料でできるから、思い立ったときに気軽に焼けるのがマフィンのよいところ。
作り方が簡単だからこそちょっとしたコツやポイントをきちんと押さえるのが、おいしさの秘訣。
難しいことは何1つないので、作りはじめる前に確認しておきましょう。

〔おいしい生地を作る〕

基本の生地作りさえマスターすれば、あとは具材を変えるだけでいろいろな味が楽しめます。
しっかりポイントを押さえてから作りはじめましょう。

TIPS 1　正しく計量する

お菓子作りの基本ですが、正しい計量が大切なのはマフィンも一緒。スケールや計量カップ、計量スプーンなどの道具を材料に合わせて使い分け、きちんと量りましょう。いいかげんな計量では味はもちろん、ふっくら、しっとりといった生地の食感にも影響します。

TIPS 2 混ぜ方のコツは練らないこと

混ぜるときに気をつけたいのが材料を一気に加えないことと、ぐるぐる混ぜすぎないこと。材料がなじみやすいように少しずつ加え、練らないように大きく混ぜるのが上手に仕上げるコツです。生地がふっくらしない、粉が残る、などは上手く混ぜられていない証拠。混ぜ方1つでおいしさも変わるので丁寧に混ぜましょう。

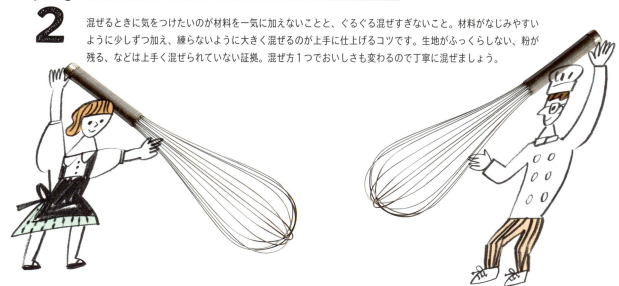

TIPS 3 ボウルは1つ。順番に材料を混ぜるだけ

何個もボウルを使ったり、鍋や湯せんが必要だったり、という手間はマフィン作りにはありません。1つのボウルに順番に材料を入れて、そのつどきちんと混ぜるだけ。片づけも簡単で作り方がシンプルだから、また作ろうという気持ちになりますよ。

FOLD IT YUMMY!
具材をおいしく入れる

ベースとなる生地に具材を入れればバリエーションが出て、飽きのこないマフィンに。
型からあふれるようにふくらむ、しっとり柔らかな生地にバランスよく具材を入れるコツはスプーンの使い方にあります。

生地を半量ずつ入れる

熱で溶けやすい具材や、ソースのような液体の場合

焼いたときに流れてしまわないように生地を半量ずつ入れて、おいしさを閉じ込めます。グラシンカップを入れた型の半分の高さまで生地を入れ、スプーンの背を生地に押しつけ、くるりと回して穴をあけます。ここにフィリングを入れて、残りの生地をグラシンカップの口の高さまでたっぷりと入れましょう。半分に切ったときの中心にちゃんとフィリングがあるおいしいマフィンになります。

グラシンカップの口の高さまで入れる。

生地を全量入れる

形がそのまま残る具材を入れる場合

フルーツや惣菜などを入れるときは、はじめに生地を全量入れます。グラシンカップの口の高さまで生地をたっぷり入れて、スプーンの背を生地に押しつけ、くるりと回して穴をあけます。生地が型の表面にはみ出すくらいがちょうどよいので覚えておきましょう。焼き上がったときに山のようにふっくら広がる、ボリューム満点のマフィンができます。

グラシンカップからはみ出るように入れる。

この本の使い方

■材料、分量について
・プチマフィン（p.88）をのぞく、すべてのマフィンのレシピの分量は直径7cmのマフィン型6個分（1台）です。
・大さじ1は15ml、小さじ1は5mlです。
・卵はMサイズ、バターは食塩不使用のものを使用しています。
・バターは室温（指が入るくらい）に戻してからご使用ください。
・オーブンの温度や時間は、電気オーブンを使用したときの目安です。熱源や機種によって焼き上がりに違いが生じるので、目安として調整してください。
・電子レンジの加熱時間は600Wでのものです。500Wの場合は1.2倍の加熱時間を目安に調整してください。
　また、加熱時間は機種によっても異なることがありますので、様子を見ながら加減してください。
・ヨーグルトは砂糖不使用のものを使用しています。

■作り方について
・デザートマフィン生地についてはP12～13で、おかずマフィン生地についてはP60～61、道具、材料についてはP92～95で詳しく紹介しています。
　そちらも参考にしてください。

FINISH IT YUMMY!
おいしく仕上げるポイント

型から外すときのポイントやおめかしさせるテクニックなど、お店みたいにマフィンを仕上げるポイントです。

POINT 1 型からはきれいに外す

型の表面にもマフィン生地がつくため、型のタイプによって外れにくいものがあるので注意しましょう。フッ素樹脂加工やシリコンなど、生地がつきにくい型なら必要ありませんが、ブリキ製の型などは表面にバターを塗っておき、外すときもナイフで生地をはがしてから、取り出しましょう。生地は柔らかく、無理に取ると崩れることもあるので注意してください。

 →

POINT 2 アイシングで仕上げる

粉糖を水で溶いたアイシングは茶色い生地のマフィンにぴったりの仕上げ方法。ココアや食紅などでも色をつけられるので、具材に合わせてお好みの色を選んでください。たっぷりとスプーンですくい、少し高めの位置から垂らします。丸くしたり、ジグザグにしたり、お絵かき感覚で好みの図柄を描きましょう。デコレーションケーキのような派手さはなくとも、素朴でかわいいマフィンに変身します。

アイシングの作り方

材料（作りやすい分量）
粉糖…25g
水…小さじ1
＊色をつける場合は、黒→ブラックココア、ピンク→食紅…各適量

作り方
小さなボウルに粉糖と水を入れ、スプーンを使ってよく混ぜる。色をつける場合は、その後に少量ずつ加えて調整する。

POINT 3 粉糖で仕上げる

マフィンの上にふりかけるだけの、とっても手軽な仕上げ方法。ブラウンシュガーが入った茶色い生地のデザートマフィンは、粉糖をふって仕上げをしてあげるとぐんと見栄えがよくなります。茶こしを使って、ささっとふりかけるだけでちょっとしたよそ行きのマフィンになります。

TASTE IT YUMMY!
マフィンのおいしい食べ方

マフィンは焼いてから粗熱が取れる10分後くらいが食べごろ。
食べきれないときは、保存をきちんとして温めて食べるとおいしくいただけます。

〔マフィンを保存するときは〕

マフィンは乾燥させないことが大切なので、1つ1つラップにくるみ、常温で保存します。
フィリングにもよりますが、次の日を目安に食べきりましょう。

〔温め直す〕

電子レンジで20秒！

マフィンを中までほんわか温めるためにラップを取り、電子レンジで20秒温めます。

トースターで2分

トースターで2分加熱します。表面がカリッ、中がしっとりのおいしいマフィンになります。

DAILY'S MUFFIN'S
DESSERT MUFFIN

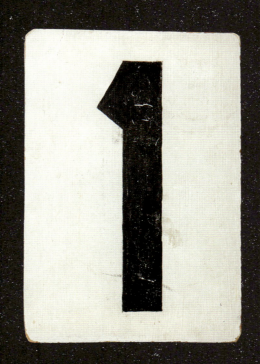

デザートマフィン

チョコレートやフルーツ、ナッツなど、どんな具材と合わせても
しっくりくる魔法の生地は、しっとりとしてコクがあり、毎日食べたくなるおいしさです。
デザートマフィンの生地にはブラウンシュガーとグラニュー糖の2種類の砂糖を使うのがポイント。
チョコレートやチーズなどは焼き立てが、
クリームやフルーツなどは生地に少しなじんだくらいが食べごろです。

BASIC 1

基本のデザートマフィン

どんなフィリングにもよく合い、ふわふわしっとり仕上がるデザートマフィンの生地。
基本の生地作りをしっかりマスターすれば、あとはフィリングを変えるだけでバリエーションを楽しめます。
まずはお店でも定番のバニラシュガーを紹介します。

基本の生地で作る
バニラシュガーマフィン

バニラ風味の砂糖をかけるだけ。
生地のおいしさをしっかり感じられるシンプルなマフィンです。

材料（マフィン6個型1台分）

A ┌ バター…90g
　├ ブラウンシュガー…90g
　└ グラニュー糖…大さじ1
ヨーグルト…大さじ1
卵…2個
牛乳…90ml

B ┌ 薄力粉…200g
　├ ベーキングパウダー…小さじ2
　└ 塩…ひとつまみ
バニラシュガー（下記）…適量

下準備

＊バター、卵、牛乳は室温に戻す。
＊Bは合わせてふるいにかける。
＊型にグラシンカップを入れる。
＊オーブンを190℃に温めておく。

作り方

❶ ボウルにAを入れ、白っぽくなるまで泡立て器で混ぜ合わせる。すべらないようにぬれた布きんをボウルの下に置くと混ぜやすい。

❷ ヨーグルトを一気に加え、泡立て器でしっかりと混ぜる。

❸ 溶いた卵を3回に分けて加え、そのつど泡立て器で混ぜ合わせる。

❹ Bの粉類の1/3量を加え、ゴムベラでさっくりと混ぜ合わせる。ぬれタオルを外し、ボウルをゴムベラと反対方向に回して、大きく混ぜ合わせ、練らないように注意する。

❺ 粉っぽさが残っているうちに牛乳を半量加えてゴムベラで混ぜる。B、牛乳、Bの順に加えてそのつど混ぜ合わせ、最後に粉っぽさがなくなるまでさっくりと混ぜる。

❻ グラシンカップをセットした型に生地を全量入れる。生地はもったりしているので、グラシンカップいっぱいの高さを目安にゴムベラですくって指で押し出して入れる。

❼ バニラシュガーをふりかける。

❽ 190℃に温めたオーブンで20分焼く。型ごとケーキクーラーにのせて粗熱を取る。

バニラシュガーの作り方

グラニュー糖にバニラビーンズで香りをつけただけ。バニラビーンズは製菓材料店などで購入できます。

材料（作りやすい分量）

バニラビーンズ…1/2本
グラニュー糖…100g

※保存容器に入れ、室温または常温で1年以上保存可能

作り方

❶ バニラビーンズは縦に切れ目を入れ、さやを手で開く。包丁の背を使い、ビーンズをこそげ取る。

❷ 保存容器にグラニュー糖を入れ、①を加えて指先で混ぜる。

❸ 最後にさやも入れ、一晩おいてから使う。1週間すると香りが全体になじみ、常温で長く保存できる。

13

CHOCOLATE

チョコブロック

大きなチョコレートがたっぷり入り、一口ごとにチョコの甘さを感じられます。ブラックココアクランブルとごろっとしたチョコレートが絶妙。
作り方→16ページ

チョコレート

誰もが大好きなチョコレートはそのままでもフルーツを組み合わせても、マフィン生地との相性は抜群です。お店でも人気の味です。

バナナ＆チョコガナッシュ

とろ〜りとろけるチョコガナッシュに思わず笑顔がこぼれます。チョコとバナナの黄金のコンビで満足感のある、ファンの多いマフィンです。
作り方→17ページ

ショコラオランジェ

オレンジのスライスがど〜んとのった見た目も華やかなマフィン。ダークチョコのほろ苦さとオレンジの酸味がよく合います。パーティーシーンなどにも喜ばれそうな一品です。
作り方→16ページ

BLOCK CHOCOLATE
チョコブロック

材料（マフィン6個型1台分）

A ┌ バター…90g
　├ ブラウンシュガー…90g
　└ グラニュー糖…大さじ1
ヨーグルト…大さじ1
卵…2個
牛乳…90㎖

B ┌ 薄力粉…200g
　├ ベーキングパウダー…小さじ2
　└ 塩…ひとつまみ
チョコレート…約120ｇ（30粒）
ブラックココアクランブル（p.17）
　　…適量

下準備

＊バター、卵、牛乳は室温に戻す。
＊Bは合わせてふるいにかける。
＊型にグラシンカップを入れる。
＊オーブンを190℃に温めておく。

作り方

STEP.1　生地を作る

❶ ボウルにAを入れ、白っぽくなるまで泡立て器で混ぜ合わせる。
❷ ヨーグルトを加え、泡立て器でしっかり混ぜる。
❸ 溶いた卵を3回に分けて加え、そのつど混ぜ合わせる。
❹ Bの粉類の1/3量を加えゴムベラでさっくりと混ぜ合わせる。粉っぽさが残っているうちに牛乳を半量加えて混ぜる。
❺ B、牛乳、Bの順に加えてそのつど混ぜ合わせ、最後に粉っぽさがなくなるまでさっくりと混ぜる。

STEP.2　具材を加える

❶ 型に生地を半量入れ（p.8）、チョコレートを3粒ずつ入れる。
❷ 残りの生地を入れ、チョコレートを2粒ずつのせる。
❸ 上からブラックココアクランブルをのせる。

STEP.3　焼いて仕上げる

❶ 190℃に温めたオーブンで20分焼く。
❷ 型ごとケーキクーラーにのせて粗熱を取り、型から外す。

CHOCOLATE ORANGE
ショコラオランジェ

材料（マフィン6個型1台分）

A ┌ バター…90g
　├ ブラウンシュガー…90g
　└ グラニュー糖…大さじ1
ヨーグルト…大さじ1
卵…2個
牛乳…90㎖

B ┌ 薄力粉…200g
　├ ベーキングパウダー…小さじ2
　└ 塩…ひとつまみ
ダークチョコレート…約120ｇ（30粒）
オレンジスライス（缶詰）…6枚
ブラックココアクランブル（p.17）
　　…適量
粉糖…適量

下準備

＊バター、卵、牛乳は室温に戻す。
＊Bは合わせてふるいにかける。
＊型にグラシンカップを入れる。
＊オーブンを190℃に温めておく。

作り方

STEP.1　生地を作る

❶ ボウルにAを入れ、白っぽくなるまで泡立て器で混ぜ合わせる。
❷ ヨーグルトを加え、泡立て器でしっかり混ぜる。
❸ 溶いた卵を3回に分けて加え、そのつど混ぜ合わせる。
❹ Bの粉類の1/3量を加えゴムベラでさっくりと混ぜ合わせる。粉っぽさが残っているうちに牛乳を半量加えて混ぜる。
❺ B、牛乳、Bの順に加えてそのつど混ぜ合わせ、最後に粉っぽさがなくなるまでさっくりと混ぜる。

STEP.2　具材を加える

❶ 型に生地を半量入れ（p.8）、ダークチョコレートを3粒ずつ入れる。
❷ 残りの生地を入れ、ダークチョコレートを2粒ずつ入れる。
❸ オレンジスライス1枚ずつとブラックココアクランブルをのせる。

STEP.3　焼いて仕上げる

❶ 190℃に温めたオーブンで20分焼く。
❷ 型ごとケーキクーラーにのせて粗熱を取り、型から外す。
❸ 粉糖をふって仕上げる。

オレンジスライス
皮ごと輪切りにしてシロップで煮たもの。
製菓材料店などで購入できる。

BANANA AND CHOCOLATE GANACHE
バナナ&チョコガナッシュ

[材料]（マフィン6個型1台分）

A ┌ バター…90g
　├ ブラウンシュガー…90g
　└ グラニュー糖…大さじ1
ヨーグルト…大さじ1
卵…2個
牛乳…90㎖

B ┌ 薄力粉…200g
　├ ベーキングパウダー…小さじ2
　└ 塩…ひとつまみ
バナナ…2本
チョコガナッシュ（右記）
　…90g（大さじ6）
アイシング（黒）(p.9)…適量

[下準備]
＊バター、卵、牛乳は室温に戻す。
＊Bは合わせてふるいにかける。
＊型にグラシンカップを入れる。
＊オーブンを190℃に温めておく。

[作り方]

STEP.1　生地を作る

❶ ボウルにAを入れ、白っぽくなるまで泡立て器で混ぜ合わせる。
❷ ヨーグルトを加え、泡立て器でしっかり混ぜる。
❸ 溶いた卵を3回に分けて加え、そのつど混ぜ合わせる。
❹ Bの粉類の1/3量を加えゴムベラでさっくりと混ぜ合わせる。粉っぽさが残っているうちに牛乳を半量加えて混ぜる。
❺ B、牛乳、Bの順に加えてそのつど混ぜ合わせ、最後に粉っぽさがなくなるまでさっくりと混ぜる。

STEP.2　具材を加える

❶ バナナは1/3の長さにカットする。
❷ 型に生地を半量入れ、スプーンの背を押しつけくるりと回して穴をあけ(p.8)、チョコガナッシュを大さじ1ずつ入れる。
❸ 残りの生地を入れて穴を閉じ、①を1つずつ入れる。

STEP.3　焼いて仕上げる

❶ 190℃に温めたオーブンで20分焼く。
❷ 型ごとケーキクーラーにのせて粗熱を取り、型から外す。
❸ アイシングで仕上げる。

ブラックココアクランブルの作り方

サクサクの食感をプラスできるクランブル。ブラックココアのほんのりとした苦味がクセになるおいしさです。

[材料]（作りやすい分量）

A ┌ 薄力粉…60g
　├ アーモンドパウダー…100g
　├ バター…60g
　├ グラニュー糖…80g
　└ ブラックココア…適量

※保存容器に入れ、冷蔵で1週間保存可能

[作り方]

Aをボウルに入れ、ポロポロの状態になるまで指でバターをつぶしながら混ぜる。

チョコガナッシュの作り方

口どけのよいガナッシュクリームはフィリングはもちろん、パンなどに塗ってもおいしくいただけます。冷やし固めてから使うので、前日に準備しましょう。

[材料]（作りやすい分量）
チョコレート…100g
生クリーム…60㎖

※保存容器に入れ、冷蔵で2〜3週間保存可能

[作り方]

❶ チョコレートをボウルに入れ、湯せんで溶かす。チョコレートは熱に弱いため、お湯は沸騰させないようにする。
❷ 別の鍋で生クリームを中火で熱し、沸騰させない程度に温める。
❸ ①に②を一気に加え、ゴムベラでよく混ぜ合わせる。
❹ ボウルの底にゴムベラをあて、こするようにして混ぜ合わせる。
❺ 混ざりにくい場合は、泡立て器に持ち替え、しっかりと混ぜ合わせる。完全に混ざったら別の容器に移して粗熱を取り、冷蔵庫で一晩冷やし固める。

CHEESE

チーズ

クリーミーでなめらかなクリームチーズや
マスカルポーネはデザートマフィンでも大活躍。
フルーツの酸味を引き立ててくれます。

いちご&レアチーズ

ほどよい酸味がクセになるレア
チーズのマフィン。混ぜるだけ
で手軽に作れるレアチーズとい
ちごを合わせた爽やかな味わい
が口に広がります。

STRAWBERRY AND GELATIN CHEESECAKE
いちご＆レアチーズ

材料（マフィン6個型1台分）

A ┌ バター…90g
  │ ブラウンシュガー…90g
  └ グラニュー糖…大さじ1
ヨーグルト…大さじ1
卵…2個
牛乳…90ml

B ┌ 薄力粉…200g
  │ ベーキングパウダー…小さじ2
  └ 塩…ひとつまみ
いちご…12粒
レアチーズ（下記）…180g（大さじ12）
アイシング（ピンク）（p.9）…適量

下準備
＊バター、卵、牛乳は室温に戻す。
＊Bは合わせてふるいにかける。
＊型にグラシンカップを入れる。
＊オーブンを190℃に温めておく。

作り方

STEP.1 生地を作る

❶ ボウルにAを入れ、白っぽくなるまで泡立て器で混ぜ合わせる。
❷ ヨーグルトを加え、泡立て器でしっかり混ぜる。
❸ 溶いた卵を3回に分けて加え、そのつど混ぜ合わせる。
❹ Bの粉類の1/3量を加えゴムベラでさっくりと混ぜ合わせる。粉っぽさが残っているうちに牛乳を半量加えて混ぜる。
❺ B、牛乳、Bの順に加えてそのつど混ぜ合わせ、最後に粉っぽさがなくなるまでさっくりと混ぜる。

STEP.2 具材を加える

❶ いちごはそれぞれ縦に4等分に切る。
❷ 型に生地を全量入れ、スプーンの背を押しつけくるりと回して穴をあけ（p.8）、①を4個ずつ、レアチーズを大さじ2ずつ入れ、さらに①を4個ずつのせる。

STEP.3 焼いて仕上げる

❶ 190℃に温めたオーブンで20分焼く。
❷ 型ごとケーキクーラーにのせて粗熱を取り、型から外す。
❸ アイシングで仕上げる。

チーズ
クリームチーズ
生のフルーツやジャムとの相性がよく、デザートマフィンにもおすすめのクリームチーズ。柔らかくクセがないのが特徴。

レアチーズの作り方

粉糖を加えるので口当たりもなめらか。レモン汁でほどよく固まるのでできたらすぐに使えます。

材料（作りやすい分量）
クリームチーズ…100g
粉糖…30g
ヨーグルト…40g
レモン汁…小さじ2

※保存容器に入れ、冷蔵で5日間保存可能

作り方

❶ クリームチーズを室温に戻し、柔らかくする。

❷ 粉糖を加えてよく練る。ボウルの下にぬれた布きんを置くとボウルがすべらず混ぜやすい。

❸ 柔らかく全体にふわっとするまでよく混ぜる。

❹ ヨーグルトを加えてよく混ぜる。

❺ レモン汁を加えてなめらかになるまで混ぜてでき上がり。冷やさずにそのまま使える。

オレンジマーマレード＆クリームチーズ

マーマレードにクリームチーズを合わせたフレッシュな組み合わせは朝食にもぴったり。カリッと焼き上がったココナッツの食感も楽しめます。
作り方→22ページ

**角切りりんご＆
クリームチーズ**

マフィンから飛び出した四角いりんごが見た目にもおもしろいです。こんがりと焼き上がったりんごの歯ごたえとクリーミーなチーズの食感がマッチしています。
作り方→23ページ

ORANGE MARMALADE AND CLEAM CHEESE
オレンジマーマレード&クリームチーズ

材料（マフィン6個型1台分）

A ┌ バター…90g
  │ ブラウンシュガー…90g
  └ グラニュー糖…大さじ1
ヨーグルト…大さじ1
卵…2個
牛乳…90㎖

B ┌ 薄力粉…200g
  │ ベーキングパウダー…小さじ2
  └ 塩…ひとつまみ
オレンジマーマレード（市販品）…90g（大さじ6）
チーズクリーム（下記）…90g（大さじ6）
ココナッツロング…適量
アイシング（白）(p.9)…適量

下準備
＊バター、卵、牛乳は室温に戻す。　＊Bは合わせてふるいにかける。　＊型にグラシンカップを入れる。　＊オーブンを190℃に温めておく。

作り方

STEP.1　生地を作る

❶ ボウルにAを入れ、白っぽくなるまで泡立て器で混ぜ合わせる。
❷ ヨーグルトを加え、泡立て器でしっかり混ぜる。
❸ 溶いた卵を3回に分けて加え、そのつど混ぜ合わせる。
❹ Bの粉類の1/3量を加えゴムベラでさっくりと混ぜ合わせる。
　 粉っぽさが残っているうちに牛乳を半量加えて混ぜる。
❺ B、牛乳、Bの順に加えてそのつど混ぜ合わせ、最後に粉っぽさがなくなるまでさっくりと混ぜる。

STEP.2　具材を加える

❶ 型に生地を全量入れ、スプーンの背を押しつけくるりと回して穴をあけ（p.8）、
　 マーマレードとチーズクリームを大さじ1ずつ入れる。
❷ ココナッツロングをふりかける。

STEP.3　焼いて仕上げる

❶ 190℃に温めたオーブンで20分焼く。
❷ 型ごとケーキクーラーにのせて粗熱を取り、型から外す。
❸ アイシングで仕上げる。

ココナッツロング
ココナッツの果肉を乾燥させたもの。焼くと香ばしさと風味が楽しめます。

チーズクリームの作り方

クリームチーズに粉糖を混ぜて柔らかく練ることで、生地や他のフィリングともよく合うクリームに。

材料（作りやすい分量）

クリームチーズ…100g
粉糖…20g

（※保存容器に入れ、冷蔵で
　5日間保存可能）

作り方

❶ クリームチーズを室温に戻し、柔らかくする。
❷ 粉糖を加えてよく練る。ボウルの下にぬれた布きんを置くとボウルがすべらず混ぜやすい。
❸ 柔らかく全体にふわっとするまでよく混ぜる。

CUBE APPLE AND CLEAM CHEESE
角切りりんご&クリームチーズ

材料（マフィン6個型1台分）

A ┌ バター…90g
  │ ブラウンシュガー…90g
  └ グラニュー糖…大さじ1
ヨーグルト…大さじ1
卵…2個
牛乳…90mℓ

B ┌ 薄力粉…200g
  │ ベーキングパウダー…小さじ2
  └ 塩…ひとつまみ
りんご…1/2個
チーズクリーム（p.22）…90g（大さじ6）
粉糖…適量

下準備

＊バター、卵、牛乳は室温に戻す。
＊Bは合わせてふるいにかける。
＊型にグラシンカップを入れる。
＊オーブンを190℃に温めておく。

作り方

STEP.1　生地を作る

❶ ボウルにAを入れ、白っぽくなるまで泡立て器で混ぜ合わせる。
❷ ヨーグルトを加え、泡立て器でしっかり混ぜる。
❸ 溶いた卵を3回に分けて加え、そのつど混ぜ合わせる。
❹ Bの粉類の1/3量を加えゴムベラでさっくりと混ぜ合わせる。
　 粉っぽさが残っているうちに牛乳を半量加えて混ぜる。
❺ B、牛乳、Bの順に加えてそのつど混ぜ合わせ、最後に粉っぽさがなくなるまでさっくりと混ぜる。

STEP.2　具材を加える

❶ りんごは皮をむき、芯を取り除いて1cmの角切りにする。
❷ 型に生地を全量入れ、スプーンの背を押しつけくるりと回して穴をあけ（p.8）、
　 チーズクリームを大さじ1ずつ入れる。
❸ ①を1/6量ずつのせる。

STEP.3　焼いて仕上げる

❶ 190℃に温めたオーブンで20分焼く。
❷ 型ごとケーキクーラーにのせて粗熱を取り、型から外す。
❸ 粉糖をふって仕上げる。

**かぼちゃ&
クリームチーズ**

ホクホクのかぼちゃにパンプキンシードを飾り、かぼちゃ感満載のマフィンです。シナモンとクリームチーズが混ざったまろやかでやさしい味わいです。
作り方→26ページ

小倉クリームチーズ

アーモンドと黒ごまのトッピングが香ばしい和のマフィン。クリームチーズが生地とのつなぎ役になって小倉ともよく合い、飽きないおいしさです。
作り方→27ページ

PUNPKIN AND CLEAM CHEESE
かぼちゃ＆クリームチーズ

材料（マフィン6個型1台分）
A ┌ バター…90g
　├ ブラウンシュガー…90g
　└ グラニュー糖…大さじ1
ヨーグルト…大さじ1
卵…2個
牛乳…90mℓ

B ┌ 薄力粉…200g
　├ ベーキングパウダー…小さじ2
　└ 塩…ひとつまみ
チーズクリーム（p.22）…90g（大さじ6）
かぼちゃシナモン（下記）…90g（大さじ6）
パンプキンシード…適量
粉糖…適量

下準備
＊バター、卵、牛乳は室温に戻す。
＊Bは合わせてふるいにかける。
＊型にグラシンカップを入れる。
＊オーブンは190℃に温めておく。

作り方

STEP.1　生地を作る

❶ ボウルにAを入れ、白っぽくなるまで泡立て器で混ぜ合わせる。
❷ ヨーグルトを加え、泡立て器でしっかり混ぜる。
❸ 溶いた卵を3回に分けて加え、そのつど混ぜ合わせる。
❹ Bの粉類の1/3量を加えゴムベラでさっくりと混ぜ合わせる。
　粉っぽさが残っているうちに牛乳を半量加えて混ぜる。
❺ B、牛乳、Bの順に加えてそのつど混ぜ合わせ、最後に粉っぽさがなくなるまでさっくりと混ぜる。

STEP.2　具材を加える

❶ 型に生地を全量入れ、スプーンの背を押しつけくるりと回して穴をあけ（p.8）、
　チーズクリームとかぼちゃシナモンを大さじ1ずつ入れる。
❷ パンプキンシードをのせる。

STEP.3　焼いて仕上げる

❶ 190℃に温めたオーブンで20分焼く。
❷ 型ごとケーキクーラーにのせて粗熱を取り、型から外す。
❸ 粉糖をふって仕上げる。

パンプキンシード
パリッとした食感と素朴な味わいが魅力のかぼちゃの種。焼き菓子のトッピングの定番です。

かぼちゃシナモンの作り方

かぼちゃのほっこり感を残したいときはつぶしすぎないように注意してください。粗熱が取れたらそのまま使えます。

材料（作りやすい分量）
かぼちゃ…250g
A ┌ ブラウンシュガー…50g
　├ バター…10g
　└ 生クリーム…大さじ3
シナモンパウダー…少々

（※保存容器に入れ、冷蔵で
　1週間保存可能）

作り方

❶ かぼちゃは種を取り、適当な大きさに切り、ラップに包んで電子レンジで5分加熱する。竹串がすっと通るくらい柔らかくなったらOK。

❷ フライパンに①とAを入れて中火で熱し、ゴムベラでかぼちゃをつぶしながら水分がなくなるまで煮詰める。

❸ 火を止め、シナモンパウダーを加えて軽く混ぜ合わせる。粗熱が取れたらでき上がり。

SWEET BEAN PASTE AND CLEAM CHEESE
小倉クリームチーズ

材料 （マフィン6個型1台分）

A ┌ バター…90g
　├ ブラウンシュガー…90g
　└ グラニュー糖…大さじ1
ヨーグルト…大さじ1
卵…2個
牛乳…90㎖

B ┌ 薄力粉…200g
　├ ベーキングパウダー…小さじ2
　└ 塩…ひとつまみ
小倉あん（市販品）…90g（大さじ6）
チーズクリーム（p.22）…90g（大さじ6）
アーモンドスライス…適量
黒ごま…適量

下準備
＊バター、卵、牛乳は室温に戻す。
＊Bは合わせてふるいにかける。
＊型にグラシンカップを入れる。
＊オーブンを190℃に温めておく。

作り方

STEP.1　生地を作る

❶ ボウルにAを入れ、白っぽくなるまで泡立て器で混ぜ合わせる。
❷ ヨーグルトを加え、泡立て器でしっかり混ぜる。
❸ 溶いた卵を3回に分けて加え、そのつど混ぜ合わせる。
❹ Bの粉類の1/3量を加えゴムベラでさっくりと混ぜ合わせる。
　　粉っぽさが残っているうちに牛乳を半量加えて混ぜる。
❺ B、牛乳、Bの順に加えてそのつど混ぜ合わせ、最後に粉っぽさがなくなるまでさっくりと混ぜる。

STEP.2　具材を加える

❶ 型に生地を全量入れ、スプーンの背を押しつけくるりと回して穴をあけ（p.8）、
　　小倉あんとチーズクリームを大さじ1ずつ入れる。
❷ アーモンドスライスをのせ、黒ごまをふりかける。

STEP.3　焼いて仕上げる

❶ 190℃に温めたオーブンで20分焼く。
❷ 型ごとケーキクーラーにのせて粗熱を取り、型から外す。

いちごティラミス
ほんのりピンクに色づいたティラミスクリームとフレッシュないちごがかわいいマフィン。手土産やプレゼントにもおすすめです。サクサクした食感のクランブルがアクセント。

ティラミス
トロリととろけるティラミスクリームとブラックココアクランブルの食感の違いが楽しめます。仕上げにココアをふれば見た目もティラミス風に！

チーズ

マスカルポーネ
とろりと軽い口どけのよさでティラミスなどのデザートには欠かせないチーズです。

クランブルの作り方

アーモンドパウダーの香ばしさが簡単にプラスできるから、多めに作って冷蔵庫で保存すると便利。

材料（作りやすい分量）
A ┌ 薄力粉…60g
  │ アーモンドパウダー…100g
  │ バター…60g
  └ グラニュー糖…80g

※保存容器に入れ、冷蔵で1週間保存可能

作り方

Aをボウルに入れ、ポロポロの状態になるまで指でバターをつぶしながら混ぜる。

TIRAMISU
ティラミス

材料（マフィン6個型1台分）
A ┌ バター…90g
　├ ブラウンシュガー…90g
　└ グラニュー糖…大さじ1
ヨーグルト…大さじ1
卵…2個
牛乳…90㎖

B ┌ 薄力粉…200g
　├ ベーキングパウダー…小さじ2
　└ 塩…ひとつまみ
ティラミスクリーム（下記）
　…180g（大さじ12）
ブラックココアクランブル（p.17）…適量
チョコチップ…適量
ココア…適量
粉糖…適量

下準備
＊バター、卵、牛乳は室温に戻す。　＊Bは合わせてふるいにかける。　＊型にグラシンカップを入れる。　＊オーブンを190℃に温めておく。

作り方

STEP.1　生地を作る

❶ ボウルにAを入れ、白っぽくなるまで泡立て器で混ぜ合わせる。
❷ ヨーグルトを加え、泡立て器でしっかり混ぜる。
❸ 溶いた卵を3回に分けて加え、そのつど混ぜ合わせる。
❹ Bの粉類の1/3量を加えゴムベラでさっくりと混ぜ合わせる。粉っぽさが残っているうちに牛乳を半量加えて混ぜる。
❺ B、牛乳、Bの順に加えてそのつど混ぜ合わせ、最後に粉っぽさがなくなるまでさっくりと混ぜる。

STEP.2　具材を加える

❶ 型に生地を半量入れ、スプーンの背を押しつけくるりと回して穴をあけ（p.8）、ティラミスクリームを大さじ2ずつ入れる。
❷ 残りの生地を入れ、ブラックココアクランブルとチョコチップをふりかける。

STEP.3　焼いて仕上げる

❶ 190℃に温めたオーブンで20分焼く。
❷ 型ごとケーキクーラーにのせて粗熱を取り、型から外す。
❸ 粉糖とココアをふって仕上げる。

ティラミスクリームの作り方

インスタントコーヒーで簡単に作れます。混ぜたらそのまま使えますが、冷蔵庫で少し冷やしてから使うと扱いやすいです。

材料（作りやすい分量）
A ┌ マスカルポーネ…150g
　├ グラニュー糖…30g
　└ インスタントコーヒー（顆粒）
　　…小さじ2

作り方
ボウルにAを入れてよく混ぜ合わせる。

（※保存容器に入れ、冷蔵で3日間保存可能）

STRAWBERRY TIRAMISU
いちごティラミス

材料（マフィン6個型1台分）
A ┌ バター…90g
　├ ブラウンシュガー…90g
　└ グラニュー糖…7g
ヨーグルト…大さじ1
卵…2個
牛乳…90㎖

B ┌ 薄力粉…200g
　├ ベーキングパウダー…小さじ2
　└ 塩…ひとつまみ
いちごティラミスクリーム（下記）
　…180g（大さじ12）
いちご…12粒
クランブル（p.28）…適量
粉糖…適量

作り方

STEP.1　生地を作る

❶ ボウルにAを入れ、白っぽくなるまで泡立て器で混ぜ合わせる。
❷ ヨーグルトを加え、泡立て器でしっかり混ぜる。
❸ 溶いた卵を3回に分けて加え、そのつど混ぜ合わせる。
❹ Bの粉類の1/3量を加えゴムベラでさっくりと混ぜ合わせる。粉っぽさが残っているうちに牛乳を半量加えて混ぜる。
❺ B、牛乳、Bの順に加えてそのつど混ぜ合わせ、最後に粉っぽさがなくなるまでさっくりと混ぜる。

STEP.2　具材を加える

❶ いちごは適当な大きさにスライスする。
❷ 型に生地を半量入れ、スプーンの背を押しつけくるりと回して穴をあけ（p.8）、いちごティラミスクリームを大さじ2ずつと①を1粒分ずつ入れる。
❸ 残りの生地を入れ、①を1粒分ずつのせ、クランブルをのせる。

STEP.3　焼いて仕上げる

❶ 190℃に温めたオーブンで20分焼く。
❷ 型ごとケーキクーラーにのせて粗熱を取り、型から外す。
❸ 粉糖をふって仕上げる。

いちごティラミスクリームの作り方

いちごコンポートがない場合は生のいちごをつぶしたものや、ジャムで代用してもOK。

材料（作りやすい分量）
A ┌ マスカルポーネ…150g
　├ グラニュー糖…30g
　└ いちごコンポート（市販品）
　　…5粒

作り方
ボウルにAを入れてよく混ぜ合わせる。

（※保存容器に入れ、冷蔵で3日間保存可能）

CARAMEL

キャラメル

しっかりと煮詰めたキャラメルは
ちょっぴりビターな大人の味。
合わせたフルーツの甘さを引き立ててくれます。

キャラメルポワール

ほろ苦いキャラメルと洋梨の甘さが絶妙なバランス。クランブルのサクサク感とキャラメルがしみた生地のしっとり感、2つの食感を楽しめます。

キャラメルバナーヌ

存在感たっぷりのバナナは、焼くとトロッとしてキャラメルと一緒にソースのようにいただけます。チョコチップをアクセントに甘さをプラス。

CARAMEL BANANA
キャラメルバナーヌ

材料（マフィン6個型1台分）
A ┌ バター…90g
　├ ブラウンシュガー…90g
　└ グラニュー糖…大さじ1
ヨーグルト…大さじ1
卵…2個
牛乳…90㎖

B ┌ 薄力粉…200g
　├ ベーキングパウダー…小さじ2
　└ 塩…ひとつまみ
バナナ…2本
キャラメル（下記）…135g（大さじ9）
チョコチップ…適量
アイシング（黒）(p.9)…適量

CARAMEL PEAR
キャラメルポワール

材料（マフィン6個型1台分）
A ┌ バター…90g
　├ ブラウンシュガー…90g
　└ グラニュー糖…大さじ1
ヨーグルト…大さじ1
卵…2個
牛乳…90㎖

B ┌ 薄力粉…200g
　├ ベーキングパウダー…小さじ2
　└ 塩…ひとつまみ
洋梨ハーフカット（缶詰）…2〜3個
キャラメル（下記）…135g（大さじ9）
クランブル（p.28）…適量
アイシング（白）(p.9)…適量

下準備
＊バター、卵、牛乳は室温に戻す。　＊Bは合わせてふるいにかける。　＊型にグラシンカップを入れる。　＊オーブンを190℃に温めておく。

作り方

STEP.1　生地を作る

❶ ボウルにAを入れ、白っぽくなるまで泡立て器で混ぜ合わせる。　❷ ヨーグルトを加え、泡立て器でしっかり混ぜる。　❸ 溶いた卵を3回に分けて加え、そのつど混ぜ合わせる。　❹ Bの粉類の1/3量を加えゴムベラでさっくりと混ぜ合わせる。粉っぽさが残っているうちに牛乳を半量加えて混ぜる。
❺ B、牛乳、Bの順に加えてそのつど混ぜ合わせ、最後に粉っぽさがなくなるまでさっくりと混ぜる。

STEP.2　具材を加える

❶ バナナは1/3の長さにカットする。
❷ 型に生地を半量入れ、スプーンの背を押しつけくるりと回して穴をあけ（p.8）、キャラメルを大さじ1.5ずつ入れる。
❸ 残りの生地を入れて穴を閉じ、バナナを入れる。
❹ 上からチョコチップをふりかける。

STEP.3　焼いて仕上げる

❶ 190℃に温めたオーブンで20分焼く。　❷ 型ごとケーキクーラーにのせて粗熱を取り、型から外す。
❸ アイシングで仕上げる。

STEP.2　具材を加える

❶ 洋梨は1㎝角にカットする。
❷ 型に生地を半量入れ、スプーンの背を押しつけくるりと回して穴をあけ（p.8）、キャラメルを大さじ1.5ずつ入れる。
❸ 残りの生地を入れて穴を閉じ、洋梨をのせる。
❹ 上からクランブルをふりかける。

洋梨の缶詰
ハーフカットの洋梨。大きさを見て、2〜3個使用する。

キャラメルの作り方

ちょっぴり苦みのあるキャラメル。適度に焦がすのがポイントです。冷やし固めてから使うので、前日に準備しましょう。

材料（作りやすい分量）
A ┌ グラニュー糖…100g
　└ 水…大さじ1
生クリーム…200㎖

（※保存容器に入れ、冷蔵で2週間保存可能）

作り方

❶ Aをフライパンに入れ中火にかける。

❷ 別の鍋で生クリームを強火で熱し、沸騰させる。こうすると混ぜたときに飛び散ることがなくなる。

❸ ①のフライパンの周りがこげ茶に色づいたら、フライパンをゆすって均等に色がつくまで煮詰める。

❹ 全体がこげ茶になったら、②を1/3量ずつ加え、そのつどゴムベラでよく混ぜ合わせる。

❺ 完全に混ざったら火を止め、別の容器に移して粗熱を取り、冷蔵庫で一晩冷やす。

FRUITS
フルーツ

生のまま加えて焼けば、トロッとした食感に変わり、煮てから加えればしっとりと生地となじみます。作り方を変えることでさまざまなおいしさが発見できるのがフルーツの魅力です。

アップルシナモン

6等分に切ったりんごを甘煮にしてそのまま使うから、りんごの存在感たっぷりです。シナモンの香りがよく合います。

APPLE CINNAMON
アップルシナモン

[材料]（マフィン6個型1台分）

A ┌ バター…90g
　├ ブラウンシュガー…90g
　└ グラニュー糖…大さじ1
ヨーグルト…大さじ1
卵…2個
牛乳…90㎖

B ┌ 薄力粉…200g
　├ ベーキングパウダー…小さじ2
　└ 塩…ひとつまみ
りんごの甘煮（下記）…6切れ
シナモンパウダー…小さじ1
シナモンパウダー（仕上げ用）…適量
粉糖…適量

[下準備]

＊バター、卵、牛乳は室温に戻す。
＊Bは合わせてふるいにかける。
＊型にグラシンカップを入れる。
＊オーブンは190℃に温めておく。

[作り方]

STEP.1　生地を作る

❶ ボウルにAを入れ、白っぽくなるまで泡立て器で混ぜ合わせる。
❷ ヨーグルトを加え、泡立て器でしっかり混ぜる。
❸ 溶いた卵を3回に分けて加え、そのつど混ぜ合わせる。
❹ Bの粉類の1/3量を加えゴムベラでさっくりと混ぜ合わせる。
　 粉っぽさが残っているうちに牛乳を半量加えて混ぜる。
❺ B、牛乳、Bの順に加えてそのつど混ぜ合わせ、最後にシナモンパウダーを加え、
　 粉っぽさがなくなるまでさっくりと混ぜる。

STEP.2　具材を加える

❶ 型に生地を全量入れ、りんごの甘煮を1個ずつ押し入れる。

STEP.3　焼いて仕上げる

❶ 190℃に温めたオーブンで20分焼く。
❷ 型ごとケーキクーラーにのせて粗熱を取り、型から外す。
❸ シナモンパウダーと粉糖をふって仕上げる。

りんごの甘煮の作り方

グラニュー糖の量はりんごの種類や甘さに合わせて好みで調整してください。酸味の強い紅玉には少し多めに入れるのがおすすめです。

[材料]（作りやすい分量）

りんご…1個
A ┌ グラニュー糖…適量
　└ レモン汁…大さじ1

[作り方]

❶ りんごを6等分に切り分け、芯を取り除き皮をむく。
❷ 鍋に①とAを入れて弱火で熱し、5～10分程度煮る。

フレッシュいちじく

フレッシュないちじくが半分も入った贅沢なマフィン。果肉とバニラシュガーが生地にしみ込み、極上のソースのような味わいに。季節を楽しめる一品です。
作り方→36ページ

パイナップル＆かち割り黒糖

パイナップルと黒糖のこっくりとした甘さに、ココナッツをプラス。南国素材の組み合わせで常夏気分が味わえます。
作り方→36ページ

4種のベリー

いちご、ブルーベリー、クランベリー、ラズベリー。いろいろなベリーの酸味がミックスした爽やかなマフィンです。彩りも華やかに仕上がります。
作り方→37ページ

**洋梨と
くるみキャラメリゼ**

キャラメルでコーティングしたくるみにしっとりした洋梨が合わさった品のある味わいです。カリカリとしっとりの違った食感も楽しめます。
作り方→37ページ

FRESH FIG
フレッシュいちじく

材料（マフィン6個型1台分）

A ┌ バター…90g
  │ ブラウンシュガー…90g
  └ グラニュー糖…大さじ1
ヨーグルト…大さじ1
卵…2個
牛乳…90㎖

B ┌ 薄力粉…200g
  │ ベーキングパウダー…小さじ2
  └ 塩…ひとつまみ
いちじく（フレッシュ）…3個
バニラシュガー（p.13）
　…30g（小さじ6）
粉糖…適量

下準備
* バター、卵、牛乳は室温に戻す。
* Bは合わせてふるいにかける。
* 型にグラシンカップを入れる。
* オーブンは190℃に温めておく。

作り方

STEP.1　生地を作る

1. ボウルにAを入れ、白っぽくなるまで泡立て器で混ぜ合わせる。
2. ヨーグルトを加え、泡立て器でしっかり混ぜる。
3. 溶いた卵を3回に分けて加え、そのつど混ぜ合わせる。
4. Bの粉類の1/3量を加えゴムベラでさっくりと混ぜ合わせる。粉っぽさが残っているうちに牛乳を半量加えて混ぜる。
5. B、牛乳、Bの順に加えてそのつど混ぜ合わせ、最後に粉っぽさがなくなるまでさっくりと混ぜる。

STEP.2　具材を加える

1. いちじくはヘタを取り、皮付きのまま半分に切る。
2. 型に生地を全量入れ、スプーンの背を押しつけくるりと回して穴をあける（p.8）。①を切り口を上にしてのせ、バニラシュガーを小さじ1ずつふりかける。

STEP.3　焼いて仕上げる

1. 190℃に温めたオーブンで20分焼く。
2. 型ごとケーキクーラーにのせて粗熱を取り、型から外す。
3. 粉糖をふって仕上げる。

PAINEAPPLE AND BROWNSUGAR
パイナップル&かち割り黒糖

材料（マフィン6個型1台分）

A ┌ バター…90g
  │ ブラウンシュガー…90g
  └ グラニュー糖…大さじ1
ヨーグルト…大さじ1
卵…2個
牛乳…90㎖

B ┌ 薄力粉…200g
  │ ベーキングパウダー…小さじ2
  └ 塩…ひとつまみ
パイナップル（フレッシュ）…150g
黒糖（1cm角）…24個
ココナッツロング…適量
アイシング（白）（p.9）…適量

下準備
* バター、卵、牛乳は室温に戻す。
* Bは合わせてふるいにかける。
* 型にグラシンカップを入れる。
* オーブンは190℃に温めておく。

黒糖
1cm角くらいの大きさにしてから使うと丁度よい味になる。

作り方

STEP.1　生地を作る

1. ボウルにAを入れ、白っぽくなるまで泡立て器で混ぜ合わせる。
2. ヨーグルトを加え、泡立て器でしっかり混ぜる。
3. 溶いた卵を3回に分けて加え、そのつど混ぜ合わせる。
4. Bの粉類の1/8量を加えゴムベラでさっくりと混ぜ合わせる。粉っぽさが残っているうちに牛乳を半量加えて混ぜる。
5. B、牛乳、Bの順に加えてそのつど混ぜ合わせ、最後に粉っぽさがなくなるまでさっくりと混ぜる。

STEP.2　具材を加える

1. パイナップルは1cm厚のいちょう切りにする。
2. 型に生地を半量入れ（p.8）、①と黒糖を2個ずつ入れる。
3. 残りの生地を入れ、①と黒糖を2個ずつのせ、ココナッツロングをふりかける。

STEP.3　焼いて仕上げる

1. 190℃に温めたオーブンで20分焼く。
2. 型ごとケーキクーラーにのせて粗熱を取り、型から外す。
3. アイシングで仕上げる。

くるみキャラメリゼの作り方

キャラメルのほろ苦さがローストしたくるみとよく合います。柔らかなマフィンに入れると食感のアクセントに。

材料（作りやすい分量）

くるみ（ロースト）…100g
A ┌ グラニュー糖…70g
  └ 水…大さじ1

（※保存容器に入れ、冷蔵で1ヵ月間保存可能）

作り方

1. Aをフライパンに入れ中火にかける。

2. 周りがこげ茶に色づいたら、フライパンをゆすって均等に色がつくまで煮詰める。　→

FOUR KIND BERRY
4種のベリー

材料（マフィン6個型1台分）

A［バター…90g
　ブラウンシュガー…90g
　グラニュー糖…大さじ1］
ヨーグルト…大さじ1
卵…2個
牛乳…90ml

B［薄力粉…200g
　ベーキングパウダー…小さじ2
　塩…ひとつまみ］
いちご…12個
ブルーベリー…12粒
クランベリー…12粒
ラズベリー…12粒
アイシング（白）（p.9）…適量

下準備

＊バター、卵、牛乳は室温に戻す。
＊Bは合わせてふるいにかける。
＊型にグラシンカップを入れる。
＊オーブンは190℃に温めておく。

作り方

STEP.1　生地を作る

❶ ボウルにAを入れ、白っぽくなるまで泡立て器で混ぜ合わせる。
❷ ヨーグルトを加え、泡立て器でしっかり混ぜる。
❸ 溶いた卵を3回に分けて加え、そのつど混ぜ合わせる。
❹ Bの粉類の1/3量を加えゴムベラでさっくりと混ぜ合わせる。粉っぽさが残っているうちに牛乳を半量加えて混ぜる。
❺ B、牛乳、Bの順に加えてそのつど混ぜ合わせ、最後に粉っぽさがなくなるまでさっくりと混ぜる。

STEP.2　具材を加える

❶ いちごを適当な大きさにカットする。
❷ 型に生地を半量入れ（p.8）、①と他のベリーを1/12量ずつ入れる。
❸ 残りの生地を入れ、残ったベリー類を1/6量ずつ入れる。

STEP.3　焼いて仕上げる

❶ 190℃に温めたオーブンで20分焼く。
❷ 型ごとケーキクーラーにのせて粗熱を取り、型から外す。
❸ アイシングで仕上げる。

PEAR AND WALNUT CARAMEL
洋梨とくるみキャラメリゼ

材料（マフィン6個型1台分）

A［バター…90g
　ブラウンシュガー…90g
　グラニュー糖…大さじ1］
ヨーグルト…大さじ1
卵…2個
牛乳…90ml

B［薄力粉…200g
　ベーキングパウダー…小さじ2
　塩…ひとつまみ］
洋梨ハーフカット（缶詰）…2個
くるみキャラメリゼ（p.36〜37）
　…24個

下準備

＊バター、卵、牛乳は室温に戻す。
＊Bは合わせてふるいにかける。
＊型にグラシンカップを入れる。
＊オーブンは190℃に温めておく。

作り方

STEP.1　生地を作る

❶ ボウルにAを入れ、白っぽくなるまで泡立て器で混ぜ合わせる。
❷ ヨーグルトを加え、泡立て器でしっかり混ぜる。
❸ 溶いた卵を3回に分けて加え、そのつど混ぜ合わせる。
❹ Bの粉類の1/3量を加えゴムベラでさっくりと混ぜ合わせる。粉っぽさが残っているうちに牛乳を半量加えて混ぜる。
❺ B、牛乳、Bの順に加えてそのつど混ぜ合わせ、最後に粉っぽさがなくなるまでさっくりと混ぜる。

STEP.2　具材を加える

❶ 洋梨は縦に3等分の大きさにカットする。
❷ 型に生地を半量入れ（p.8）、くるみキャラメリゼを2個ずつ入れる。
❸ 残りの生地を入れ、洋梨を1切れ、くるみキャラメリゼを2個ずつのせる。

STEP.3　焼いて仕上げる

❶ 190℃に温めたオーブンで20分焼く。
❷ 型ごとケーキクーラーにのせて粗熱を取り、型から外す。

❸ 全体がこげ茶になったらくるみを加え、ゴムベラでからめる。

❹ キャラメルがからんだら、クッキングシートの上に広げて冷ます。

❺ 完全に冷めたら手でくるみ1粒分ずつキャラメルを割る。

**ぶどう&
アールグレイティー**

皮つきのぶどうがころんと入っ
て見た目も愛らしいマフィン。
生地に練り込んだアールグレイ
の茶葉が香り豊かで午後のひと
ときにぴったりです。
作り方→39ページ

**自家製レモンピール&
ホワイトチョコレート**

手間暇かけて作る自家製レモン
ピールは絶品。細かく刻んで
ジャムのように使います。まろ
やかなホワイトチョコレートを
合わせ、深みのある甘さに。
作り方→40ページ

GRAPE AND EARL GRAY
ぶどう＆アールグレイティー

材料 （マフィン6個型1台分）

A ┌ バター…90g
　├ ブラウンシュガー…90g
　└ グラニュー糖…大さじ1
ヨーグルト…大さじ1
卵…2個
牛乳…90㎖

B ┌ 薄力粉…200g
　├ ベーキングパウダー…小さじ2
　└ 塩…ひとつまみ
アールグレイティー（ティーバッグ）…1パック
ぶどう（シードレス）…30粒
粒糖…適量

下準備

＊バター、卵、牛乳は室温に戻す。
＊Bは合わせてふるいにかける。
＊型にグラシンカップを入れる。
＊ティーバッグから茶葉を取り出す。
＊オーブンを190℃に温めておく。

作り方

STEP.1　生地を作る

❶ ボウルにAを入れ、白っぽくなるまで泡立て器で混ぜ合わせる。
❷ ヨーグルトを加え、泡立て器でしっかり混ぜる。
❸ 溶いた卵を3回に分けて加え、そのつど混ぜ合わせる。
❹ Bの粉類の1/3量を加えゴムベラでさっくりと混ぜ合わせる。
　 粉っぽさが残っているうちに牛乳を半量加えて混ぜる。
❺ B、牛乳、Bの順に加えてそのつど混ぜ合わせ、最後に粉っぽさがなくなるまでさっくりと混ぜる。
　 生地にアールグレイティーの茶葉を加え軽く混ぜ合わせる。

STEP.2　具材を加える

型に生地を全量入れ、ぶどうを5粒ずつ押し入れる。

STEP.3　焼いて仕上げる

❶ 190℃に温めたオーブンで20分焼く。
❷ 型ごとケーキクーラーにのせて粗熱を取り、型から外す。
❸ 粉糖をふって仕上げる。

LEMON PEEL AND WHITE CHOCOLATE
自家製レモンピール＆ホワイトチョコレート

材料（マフィン6個型1台分）

A [バター…90g
　　ブラウンシュガー…90g
　　グラニュー糖…大さじ1]
ヨーグルト…大さじ1
卵…2個
牛乳…90㎖

B [薄力粉…200g
　　ベーキングパウダー…小さじ2
　　塩…ひとつまみ]
レモンピール（下記）…大さじ2
ホワイトチョコレート…約120g（30粒）
ココナッツロング…適量

下準備
＊バター、卵、牛乳は室温に戻す。
＊Bは合わせてふるいにかける。
＊型にグラシンカップを入れる。
＊オーブンを190℃に温めておく。

作り方

STEP.1　生地を作る

① ボウルにAを入れ、白っぽくなるまで泡立て器で混ぜ合わせる。
② ヨーグルトを加え、泡立て器でしっかり混ぜる。
③ 溶いた卵を3回に分けて加え、そのつど混ぜ合わせる。
④ Bの粉類の1/3量を加えゴムベラでさっくりと混ぜ合わせる。
　 粉っぽさが残っているうちに牛乳を半量加えて混ぜる。
⑤ B、牛乳、Bの順に加えてそのつど混ぜ合わせ、最後に粉っぽさがなくなるまでさっくりと混ぜる。
　 生地にレモンピールを加えて軽く混ぜ合わせる。

STEP.2　具材を加える

① 型に生地を半量入れ（p.8）、ホワイトチョコレートを3粒ずつ入れる。
② 残りの生地を入れ、ホワイトチョコレートを2粒ずつ入れ、ココナッツロングをふりかける。

STEP.3　焼いて仕上げる

① 190℃に温めたオーブンで20分焼く。
② 型ごとケーキクーラーにのせて粗熱を取り、型から外す。

レモンピールの作り方

レモンピールは下茹でが大切。何度も茹でこぼすことで苦味が薄まり、仕上がりに差が出ます。しっかり行ないましょう。

材料（作りやすい分量）
国産レモンの皮…5個分
グラニュー糖…250g

（※保存容器に入れ、冷蔵で3週間保存可能）

作り方

① レモンの皮はよく洗い、1㎝幅くらいに切る。

② 鍋に①とかぶるくらいの水を入れ、中火にかける。

③ 煮立ったら茹でこぼす。もう一度鍋に水を入れ、弱火で15分煮て茹でこぼし、同様にもう一度くり返す。

④ 鍋に③とひたひたの水とグラニュー糖を入れて中火にかけ、水分がなくなるまで煮詰める。

⑤ 粗熱が取れたらフードプロセッサー、または包丁で細かくする。

JAPANESE

和風

抹茶やきなこ、黒ごまなど
和菓子でおなじみの素材を
取り入れれば素朴な味が楽しめます。
生地に素材を混ぜ込んで作るので
見た目の印象も変わります。

**抹茶＆
ホワイトチョコレート**

抹茶の香りと、ほのかな甘みが
口の中に広がります。ホワイト
チョコとクランブルのカリカリ
した食感と甘みがあとをひくお
いしさです。
作り方→44ページ

きなこ黒豆クリームチーズ

きなこ生地に黒豆をトッピングした大豆のおいしさがたっぷりの一品。中に入れたクリームチーズのほどよい酸味がきなこ生地とよく合います。
作り方→45ページ

黒ごまバナナ

練りごまを混ぜればしっとりとした生地になります。焼き上がったバナナのとろみとの相性も抜群。甘いものが苦手な人でもおいしく食べられます。
作り方→45ページ

GREEN TEA AND WHITE CHOCOLATE
抹茶＆ホワイトチョコレート

材料（マフィン6個型1台分）

A ┌ バター…90g
  │ ブラウンシュガー…90g
  └ グラニュー糖…大さじ1
ヨーグルト…大さじ1
卵…2個
牛乳…90㎖

B ┌ 薄力粉…200g
  │ ベーキングパウダー…小さじ2
  └ 塩…ひとつまみ
抹茶…大さじ1
ホワイトチョコレート…約150g（36粒）
クランブル（p.28）…適量

下準備
＊バター、卵、牛乳は室温に戻す。
＊Bは合わせてふるいにかける。
＊型にグラシンカップを入れる。
＊オーブンを190℃に温めておく。

作り方

STEP.1　生地を作る

❶ ボウルにAを入れ、白っぽくなるまで泡立て器で混ぜ合わせる。
❷ ヨーグルトを加え、泡立て器でしっかり混ぜる。
❸ 溶いた卵を3回に分けて加え、そのつど混ぜ合わせる。
❹ Bの粉類の1/3量を加えゴムベラでさっくりと混ぜ合わせる。
　 粉っぽさが残っているうちに牛乳を半量加えて混ぜる。
❺ B、牛乳、Bの順に加えてそのつど混ぜ合わせ、最後に粉っぽさがなくなるまでさっくりと混ぜる。
　 生地に抹茶を加え、よく混ぜ合わせる。

STEP.2　具材を加える

❶ 型に生地を半量入れ（p.8）、ホワイトチョコレートを3粒ずつ入れる。
❷ 残りの生地を入れ、ホワイトチョコレートを3粒ずつ入れ、上からクランブルをふりかける。

STEP.3　焼いて仕上げる

❶ 190℃に温めたオーブンで20分焼く。
❷ 型ごとケーキクーラーにのせて粗熱を取り、型から外す。

SOYBEAN FLOUR
きなこ黒豆クリームチーズ

材料（マフィン6個型1台分）

A［バター…90g
　ブラウンシュガー…90g
　グラニュー糖…大さじ1］
ヨーグルト…大さじ1
卵…2個
牛乳…90㎖

B［薄力粉…200g
　ベーキングパウダー…小さじ2
　塩…ひとつまみ］
きなこ…大さじ2〜3
チーズクリーム（p.22）…90g（大さじ6）
黒豆…適量

下準備

＊バター、卵、牛乳は室温に戻す。
＊Bは合わせてふるいにかける。
＊型にグラシンカップを入れる。
＊オーブンを190℃に温めておく。

作り方

STEP.1　生地を作る

❶ ボウルにAを入れ、白っぽくなるまで泡立て器で混ぜ合わせる。
❷ ヨーグルトを加え、泡立て器でしっかり混ぜる。
❸ 溶いた卵を3回に分けて加え、そのつど混ぜ合わせる。
❹ Bの粉類の1/3量を加えゴムベラでさっくりと混ぜ合わせる。粉っぽさが残っているうちに牛乳を半量加えて混ぜる。
❺ B、牛乳、Bの順に加えてそのつど混ぜ合わせ、最後に粉っぽさがなくなるまでさっくりと混ぜる。生地にきなこを加え、軽く混ぜ合わせる。

STEP.2　具材を加える

❶ 型に生地を全量入れ、スプーンの背を押しつけくるりと回して穴をあけ（p.8）、チーズクリームを大さじ1ずつ入れる。
❷ 黒豆をのせる。

STEP.3　焼いて仕上げる

❶ 190℃に温めたオーブンで20分焼く。
❷ 型ごとケーキクーラーにのせて粗熱を取り、型から外す。

BLACK SESAME BANANA
黒ごまバナナ

材料（マフィン6個型1台分）

A［バター…90g
　ブラウンシュガー…90g
　グラニュー糖…大さじ1］
ヨーグルト…大さじ1
卵…2個
牛乳…90㎖

B［薄力粉…200g
　ベーキングパウダー…小さじ2
　塩…ひとつまみ］
バナナ…2本
黒練りごま…大さじ1
黒ごま…適量
アイシング（白）（p.9）…適量

下準備

＊バター、卵、牛乳は室温に戻す。
＊Bは合わせてふるいにかける。
＊型にグラシンカップを入れる。
＊オーブンを190℃に温めておく。

作り方

STEP.1　生地を作る

❶ ボウルにAを入れ、白っぽくなるまで泡立て器で混ぜ合わせる。
❷ ヨーグルトを加え、泡立て器でしっかり混ぜる。
❸ 溶いた卵を3回に分けて加え、そのつど混ぜ合わせる。
❹ Bの粉類の1/3量を加えゴムベラでさっくりと混ぜ合わせる。粉っぽさが残っているうちに牛乳を半量加えて混ぜる。
❺ B、牛乳、Bの順に加えてそのつど混ぜ合わせ、最後に粉っぽさがなくなるまでさっくりと混ぜる。生地に黒練りごまを加え、よく混ぜ合わせる。

STEP.2　具材を加える

❶ バナナを1/3の長さにカットする。
❷ 型に生地を全量入れ、バナナを1つずつ押し入れ、黒ごまをふりかける。

STEP.3　焼いて仕上げる

❶ 190℃に温めたオーブンで20分焼く。
❷ 型ごとケーキクーラーにのせて粗熱を取り、型から外す。
❸ アイシングで仕上げる。

**ハニーロイヤル
ミルクティー**

ミルクティーとはちみつのやさしい組み合わせ。表面にはちみつを塗って焼くので仕上がりはしっとり。仕上げの粉糖で遊び心をプラス。
作り方→48ページ

TEA
ティー
茶葉の細かいティーバッグを使えば、
刻まなくても生地によくなじみます。
いろいろなフレーバーティーで試してみてください。

**ほうじ茶&
キャラメル**

香ばしいお茶の香りとキャラメルのほろ苦い甘みがほっと和みます。ほうじ茶や日本茶と一緒にどうぞ。
作り方→49ページ

チャイラテ

カルダモン、ジンジャー、シナモンなど、スパイシーな香りが口の中に広がるアジアンテイストなマフィン。上にのせた木の実の食感がアクセント。お好みのスパイスを入れても。
作り方→49ページ

HONEY ROYAL MILK TEA
ハニーロイヤルミルクティー

材料（マフィン6個型1台分）
A ┌ バター…90g
　├ ブラウンシュガー…90g
　└ グラニュー糖…大さじ1
ヨーグルト…大さじ1
卵…2個
牛乳…90ml

B ┌ 薄力粉…200g
　├ ベーキングパウダー…小さじ2
　└ 塩…ひとつまみ
好みの紅茶（ティーバッグ）…2パック
はちみつ…適量
粉糖…適量

下準備
＊バター、卵、牛乳は室温に戻す。
＊Bは合わせてふるいにかける。
＊型にグラシンカップを入れる。
＊ティーバッグから茶葉を取り出す。
＊オーブンを190℃に温めておく。

作り方

STEP.1　生地を作る
❶ ボウルにAを入れ、白っぽくなるまで泡立て器で混ぜ合わせる。
❷ ヨーグルトを加え、泡立て器でしっかり混ぜる。
❸ 溶いた卵を3回に分けて加え、そのつど混ぜ合わせる。
❹ Bの粉類の1/3量を加えゴムベラでさっくりと混ぜ合わせる。
　 粉っぽさが残っているうちに牛乳を半量加えて混ぜる。
❺ B、牛乳、Bの順に加えてそのつど混ぜ合わせ、最後に粉っぽさがなくなるまでさっくりと混ぜる。
　 生地に紅茶の茶葉を加え、軽く混ぜ合わせる。

STEP.2　具材を加える
❶ 型に生地を半量入れ、スプーンの背を押しつけくるりと回して穴をあけ（p.8）、はちみつを適量ずつ入れる。
❷ 残りの生地を入れ、表面にはちみつを垂らして指でなでるようにのばす。

STEP.3　焼いて仕上げる
❶ 190℃に温めたオーブンで20分焼く。
❷ 型ごとケーキクーラーにのせて粗熱を取り、型から外す。
❸ 星形にくり抜いたプレートをあて、粉糖をふりかける。

ROASTED GREEN TEA AND CARAMEL
ほうじ茶＆キャラメル

材料（マフィン6個型1台分）

A ┌ バター…90g
  │ ブラウンシュガー…90g
  └ グラニュー糖…大さじ1
ヨーグルト…大さじ1
卵…2個
牛乳…90㎖

B ┌ 薄力粉…200g
  │ ベーキングパウダー…小さじ2
  └ 塩…ひとつまみ
ほうじ茶（ティーバッグ）…2パック
キャラメル（p.31）…135g（大さじ9）
クランブル（p.28）…適量
スライスアーモンド…適量

下準備

＊バター、卵、牛乳は室温に戻す。
＊Bは合わせてふるいにかける。
＊型にグラシンカップを入れる。
＊ティーバッグから茶葉を取り出す。
＊オーブンを190℃に温めておく。

作り方

STEP.1　生地を作る

① ボウルにAを入れ、白っぽくなるまで泡立て器で混ぜ合わせる。
② ヨーグルトを加え、泡立て器でしっかり混ぜる。
③ 溶いた卵を3回に分けて加え、そのつど混ぜ合わせる。
④ Bの粉類の1/3量を加えゴムベラでさっくりと混ぜ合わせる。粉っぽさが残っているうちに牛乳を半量加えて混ぜる。
⑤ B、牛乳、Bの順に加えてそのつど混ぜ合わせ、最後に粉っぽさがなくなるまでさっくりと混ぜる。生地にほうじ茶の茶葉を加え、軽く混ぜ合わせる。

STEP.2　具材を加える

① 型に生地を半量入れ、スプーンの背を押しつけくるりと回して穴をあけ（p.8）、キャラメルを大さじ1と1/2ずつ入れる。
② 残りの生地を入れ、表面にキャラメル（分量外）を適量のせ、指でなでるようにのばす。
③ クランブルとスライスアーモンドをのせる。

STEP.3　焼いて仕上げる

① 190℃に温めたオーブンで20分焼く。
② 型ごとケーキクーラーにのせて粗熱を取り、型から外す。

CHAY LATTE
チャイラテ

材料（マフィン6個型1台分）

A ┌ バター…90g
  │ ブラウンシュガー…90g
  └ グラニュー糖…大さじ1
ヨーグルト…大さじ1
卵…2個
牛乳…90㎖
B ┌ 薄力粉…200g
  │ ベーキングパウダー…小さじ2
  └ 塩…ひとつまみ

C ┌ 好みの紅茶
  │ （ティーバッグ）…1パック
  │ ジンジャー、シナモン、カルダモン
  │ （それぞれパウダーを合わせて使用）
  └ …小さじ1
D ┌ スライスアーモンド…適量
  │ パンプキンシード…適量
  └ くるみ…適量

下準備

＊バター、卵、牛乳は室温に戻す。
＊Bは合わせてふるいにかける。
＊型にグラシンカップを入れる。
＊ティーバッグから茶葉を取り出す。
＊オーブンを190℃に温めておく。

作り方

STEP.1　生地を作る

① ボウルにAを入れ、白っぽくなるまで泡立て器で混ぜ合わせる。
② ヨーグルトを加え、泡立て器でしっかり混ぜる。
③ 溶いた卵を3回に分けて加え、そのつど混ぜ合わせる。
④ Bの粉類の1/3量を加えゴムベラでさっくりと混ぜ合わせる。粉っぽさが残っているうちに牛乳を半量加えて混ぜる。
⑤ B、牛乳、Bの順に加えてそのつど混ぜ合わせ、最後に粉っぽさがなくなるまでさっくりと混ぜる。生地にCを加え、軽く混ぜ合わせる。

STEP.2　具材を加える

型に生地を全量入れ、Dを適量ずつのせる。

STEP.3　焼いて仕上げる

① 190℃に温めたオーブンで20分焼く。
② 型ごとケーキクーラーにのせて粗熱を取り、型から外す。

CREAM
クリームバリエーション

クリームチーズを使ったフィリングやカスタードクリームなど、いろんな味のクリームを試してお気に入りを見つけて。

クッキー&クリーム

オレオクッキーをくだいてクリームチーズに混ぜるだけ。簡単なのにクッキーのほろ苦さと甘いクリームで味に深みのあるマフィンに。

COOKIES AND CRAME
クッキー&クリーム

材料（マフィン6個型1台分）

A ┌ バター…90g
  │ ブラウンシュガー…90g
  └ グラニュー糖…大さじ1
ヨーグルト…大さじ1
卵…2個
牛乳…90㎖

B ┌ 薄力粉…200g
  │ ベーキングパウダー…小さじ2
  └ 塩…ひとつまみ
クッキー&クリーム（下記）
　…180g（大さじ12）

下準備

＊バター、卵、牛乳は室温に戻す。
＊Bは合わせてふるいにかける。
＊型にグラシンカップを入れる。
＊オーブンを190℃に温めておく。

作り方

STEP.1　生地を作る

❶ ボウルにAを入れ、白っぽくなるまで泡立て器で混ぜ合わせる。
❷ ヨーグルトを加え、泡立て器でしっかり混ぜる。
❸ 溶いた卵を3回に分けて加え、そのつど混ぜ合わせる。
❹ Bの粉類の1/3量を加えゴムベラでさっくりと混ぜ合わせる。
　 粉っぽさが残っているうちに牛乳を半量加えて混ぜる。
❺ B、牛乳、Bの順に加えてそのつど混ぜ合わせ、最後に粉っぽさがなくなるまでさっくりと混ぜる。

STEP.2　具材を加える

型に生地を全量入れ、スプーンの背を押しつけくるりと回して穴をあけ（p.8）、クッキー&クリームを大さじ2ずつ入れる。

STEP.3　焼いて仕上げる

❶ 190℃に温めたオーブンで20分焼く。
❷ 型ごとケーキクーラーにのせて粗熱を取り、型から外す。

クッキー&クリームの作り方

クッキーの歯ごたえを残すようにざっくり粗めにくだくのがポイント。オレオクッキーのクリームもそのまま加えるのでほどよい甘さに。

材料（作りやすい分量）

オレオクッキー（市販品）…55g（5枚）
クリームチーズ…150g
粉糖…30g

（※保存容器に入れ、冷蔵で1週間
　 保存可能）

作り方

❶ オレオクッキーを手でくだく。
❷ クリームチーズを室温に戻し、柔らかくする。
❸ ②に粉糖を加えてよく練り、①を加えてさっくり混ぜる。

レモンカスタード

スライスしたレモンが見た目にも爽やかなマフィン。中のカスタードクリームにもレモン汁を入れてさっぱりとした甘みに仕上げました。
作り方→54ページ

ラムレーズンクリーム

市販のラムレーズンとクリームチーズを合わせたコクのあるクリーム。ラムレーズンはクリームとなじむように細かく刻みましょう。
作り方→54ページ

**アプリコット
杏仁クリーム**

アプリコットの酸味と杏仁の風味が品のある味わいを演出。とろっとしたクリームとフルーティーな香りが口中に広がります。
作り方→55ページ

LEMON CUSTARD
レモンカスタード

材料（マフィン6個型1台分）

A ┌ バター…90g
  │ ブラウンシュガー…90g
  └ グラニュー糖…大さじ1
ヨーグルト…大さじ1
卵…2個
牛乳…90㎖

B ┌ 薄力粉…200g
  │ ベーキングパウダー…小さじ2
  └ 塩…ひとつまみ
レモンカスタード（下記）
　…90g（大さじ6）
レモンスライス…6枚
ココナッツロング…適量

下準備
＊バター、卵、牛乳は室温に戻す。　＊Bは合わせてふるいにかける。
＊型にグラシンカップを入れる。　＊オーブンを190℃に温めておく。

作り方

STEP.1　生地を作る
❶ ボウルにAを入れ、白っぽくなるまで泡立て器で混ぜ合わせる。
❷ ヨーグルトを加え、泡立て器でしっかり混ぜる。
❸ 溶いた卵を3回に分けて加え、そのつど混ぜ合わせる。
❹ Bの粉類の1/3量を加えゴムベラでさっくりと混ぜ合わせる。粉っぽさが残っているうちに牛乳を半量加えて混ぜる。
❺ B、牛乳、Bの順に加えてそのつど混ぜ合わせ、最後に粉っぽさがなくなるまでさっくりと混ぜる。

STEP.2　具材を加える
❶ 型に生地を全量入れ、スプーンの背を押しつけくるりと回して穴をあけ（p.8）、レモンカスタードを大さじ1ずつ入れる。
❷ レモンスライスを1枚ずつのせ、ココナッツロングをふりかける。

STEP.3　焼いて仕上げる
❶ 190℃に温めたオーブンで20分焼く。
❷ 型ごとケーキクーラーにのせて粗熱を取り、型から外す。

レモンカスタードの作り方
レモン汁を入れるからさっぱり。カスタードは傷みやすいので作ったらすぐに冷蔵庫で保存しましょう。

材料（作りやすい分量）

A ┌ 卵…1個
  │ グラニュー糖…70g
  │ 生クリーム…大さじ2
  └ レモン汁…30㎖
コーンスターチ…小さじ1
バター…30g

※保存容器に入れ、冷蔵で5日間保存可能

作り方
❶ ボウルにAを入れて泡立て器でよく混ぜる。コーンスターチを加えてさらに混ぜ合わせる。
❷ 鍋に①をこし入れて中火にかけ、沸騰してから1分程度ゴムベラで混ぜ続ける。
❸ 火を止め、バターを加えて軽く混ぜ合わせる。
❹ すぐに保存容器へ移し、カスタードの上からラップをぴったりとかけてふたをし（p.86）、冷蔵庫に入れる。

RUM RAISING CREAM
ラムレーズンクリーム

材料（マフィン6個型1台分）

A ┌ バター…90g
  │ ブラウンシュガー…90g
  └ グラニュー糖…大さじ1
ヨーグルト…大さじ1
卵…2個
牛乳…90㎖

B ┌ 薄力粉…200g
  │ ベーキングパウダー…小さじ2
  └ 塩…ひとつまみ
ラムレーズンクリーム（下記）
　…90g（大さじ6）
ラムレーズン（市販品）…適量
スライスアーモンド…適量
アイシング（白）（p.9）…適量

下準備
＊バター、卵、牛乳は室温に戻す。　＊Bは合わせてふるいにかける。
＊型にグラシンカップを入れる。　＊オーブンを190℃に温めておく。

作り方

STEP.1　生地を作る
❶ ボウルにAを入れ、白っぽくなるまで泡立て器で混ぜ合わせる。
❷ ヨーグルトを加え、泡立て器でしっかり混ぜる。
❸ 溶いた卵を3回に分けて加え、そのつど混ぜ合わせる。
❹ Bの粉類の1/3量を加えゴムベラでさっくりと混ぜ合わせる。粉っぽさが残っているうちに牛乳を半量加えて混ぜる。
❺ B、牛乳、Bの順に加えてそのつど混ぜ合わせ、最後に粉っぽさがなくなるまでさっくりと混ぜる。

STEP.2　具材を加える
❶ 型に生地を全量入れ、スプーンの背を押しつけくるりと回して穴をあけ（p.8）、ラムレーズンクリームを大さじ1ずつ入れる。
❷ ラムレーズンとスライスアーモンドをふりかける。

STEP.3　焼いて仕上げる
❶ 190℃に温めたオーブンで20分焼く。
❷ 型ごとケーキクーラーにのせて粗熱を取り、型から外す。
❸ アイシングで仕上げる。

ラムレーズンクリームの作り方
ラムレーズンを細かく刻んでクリームチーズと合わせたなめらかなクリーム。パンなどに塗ってもおいしくいただけます。

材料（作りやすい分量）

ラムレーズン（市販品）
　…45g
クリームチーズ…150g
粉糖…30g

※保存容器に入れ、冷蔵で1週間保存可能

作り方
❶ ラムレーズンを細かく刻む。
❷ クリームチーズを室温に戻し、柔らかくする。
❸ ②に粉糖を加えてよく練り、①を加えて混ぜる。

APRICOT SEED CREAM
アプリコット杏仁クリーム

材料（マフィン6個型1台分）

A ┌ バター…90g
  │ ブラウンシュガー…90g
  └ グラニュー糖…大さじ1
ヨーグルト…大さじ1
卵…2個
牛乳…90㎖

B ┌ 薄力粉…200g
  │ ベーキングパウダー…小さじ2
  └ 塩…ひとつまみ
杏仁クリーム（下記）…135g（大さじ9）
アプリコット（缶詰）…12個
クランブル（p.28）…適量
粉糖…適量

下準備
＊バター、卵、牛乳は室温に戻す。
＊Bは合わせてふるいにかける。
＊型にグラシンカップを入れる。
＊オーブンを190℃に温めておく。

作り方

STEP.1 生地を作る

❶ ボウルにAを入れ、白っぽくなるまで泡立て器で混ぜ合わせる。
❷ ヨーグルトを加え、泡立て器でしっかり混ぜる。
❸ 溶いた卵を3回に分けて加え、そのつど混ぜ合わせる。
❹ Bの粉類の1/3量を加えゴムベラでさっくりと混ぜ合わせる。粉っぽさが残っているうちに牛乳を半量加えて混ぜる。
❺ B、牛乳、Bの順に加えてそのつど混ぜ合わせ、最後に粉っぽさがなくなるまでさっくりと混ぜる。

STEP.2 具材を加える

❶ 型に生地を全量入れ、スプーンの背を押しつけくるりと回して穴をあけ（p.8）、杏仁クリームを大さじ1と1/2ずつ入れる。
❷ アプリコットを半分に切り、4個ずつとクランブルをのせる。

STEP.3 焼いて仕上げる

❶ 190℃に温めたオーブンで20分焼く。
❷ 型ごとケーキクーラーにのせて粗熱を取り、型から外す。
❸ 粉糖をふって仕上げる。

杏仁クリームの作り方

手軽に杏仁風味を楽しめる、杏仁霜を使った滑らかなクリーム。杏仁霜は製菓材料店などで購入できます。

材料（作りやすい分量）

A ┌ 卵…1個
  │ グラニュー糖…50g
  │ コーンスターチ…大さじ2
  │ 牛乳…250㎖
  └ 杏仁霜…30g
バター…30g

※保存容器に入れ、冷蔵で5日間保存可能

作り方

❶ ボウルにAを上から順に加えてそのつど泡立て器でよく混ぜる。
❷ 鍋に①をこし入れて中火にかけ、沸騰してから1分程度ゴムベラで混ぜ続ける。
❸ 火を止め、バターを加えて軽く混ぜ合わせる。
❹ 粗熱を取り、冷蔵庫に入れる。

マフィン専門店
Daily's Muffinのこと

焼き菓子が好きで、毎日食べてもらえるようなおやつ感覚のスイーツショップを開きたい、そう思ったのがマフィン専門店をはじめるきっかけでした。ふっくらと焼き上がった生地にたっぷりのフィリング、大きなアメリカンマフィンがDaily's Muffinの看板メニュー。そして、クッキーなど焼きっぱなしでOKの素朴なお菓子も贈り物やお土産に喜ばれています。店舗デザインはインテリアの仕事をしていたオーナーが担当。天井の配管はむき出しのまま、壁も塗りむらが出るようにラフに仕上げてもらい、手作り感を生かしながらNYっぽいかっこよさも演出。オリジナルで発注したショーケースは、木の質感を生かし、ずらりと並んだマフィンがおいしく見えるように、高さにもこだわりました。店内にはカウンターを設置し、コーヒーとマフィンが楽しめるイートインコーナーも。毎日のお昼やおやつに通ってくれる常連さんたちとの会話も楽しめるスペースになっています。

仙台から東京へやってきました

ショップのスタートは仙台、2011年のことでした。翌年には東京、蔵前の雑貨店「KONCENT」の店頭でマフィンの販売を土日限定でスタート。はじめは期間限定という約束のはずが、多くの方々からご好評をいただき、1年ほど続いたことから、東京でのオープンを決めました。物件を探してすぐに今の店舗と巡り合い、2014年、蔵前に東京店をオープンすることとなりました。現在は仙台店のオーナーを兄夫婦が引き継ぎ、東京と仙台で同じ味を楽しむことができます。

仙台店

イベントやオーダー、祝いごとに作るデコマフィン

Daily's Muffinには、日々作り続けるマフィンの他に、ハロウィンやクリスマス、バレンタインなど、イベントのときだけ作る特別なデコマフィンがあります。お祭り気分を盛り上げるデコレーションやカードを添えて、見た人がハッピーになれるようなマフィン作りを心がけています。そしてウエディングやバースデイなどの記念日にはオーダーでデコマフィンを作ることも。「クッキーにメッセージを添えて」「子ども用に小さいサイズで」など、お客さまの希望が叶えられるように、アイディアを練るのも楽しい作業の1つです。

ホイップクリームをたっぷりのせたデザートマフィン。1つずつデコレーションを変えてあるから選ぶのもわくわくします。

ハロウィンに欠かせないかぼちゃのマフィン。モンブラン風にたっぷりと絞ったかぼちゃのクリームがポイントです。

小さなデコレーションケーキのようなクリスマスのマフィン。特別な日にふさわしいスペシャルマフィンです。

Daily's Muffinの
オリジナルレシピは700種類以上！

レシピを考えるとき

毎日お母さんが家族に食事を作るように、お店に行って旬の食材を手に取ることから、自然とレシピが生まれます。「この食材なら、こんな味つけにしよう」「この組み合わせもおいしそう…」。季節感を大切に、イメージを広げてできたレシピをスケッチブックに書き留める、オープン以来欠かさず続けてきた習慣です。それでもアイディアが浮かばないときは、パン屋さんに行くと具の入れ方や素材の組み合わせなど、マフィンで試したくなるヒントをもらえることも多くあります。マフィンのおいしさを左右するのはもちろん"味"です。でもそれだけではないと学んだのが、失敗のレシピから。プリンとわらびもちを入れたマフィンを試作したところ、味の相性はよかったものの、食感がどうしても生地と合わず、そのレシピはお蔵入りに。成功もあれば、ときには失敗も繰り返し、日々新しいメニュー作りに挑戦しています。

お店のマフィンは毎週変わります

毎日15〜20種類のマフィンを焼き上げ、1週間でメニューを切り替えているのもDaily's Muffinのこだわりです。お客さまから「全部おいしそうで、どれを選んだらいいかわからない！」「この前食べたマフィン、今日はないの？」と言われることもしばしば。いつ行っても新しい発見があるからこそ、初めてのお客さまはもちろん、常連さんも来店を楽しみにしてくれます。そしてできるなら焼き立てを提供したいと、一度にたくさん焼くのではなく、少しずつ追加しながら焼くのも大切にしていることの1つ。いつでも焼き立ての香りが広がり、お客さまを笑顔にできるようなワクワク感のあるお店であり続けたいと思っています。

DAILY'S MUFFIN'S
OKAZU MUFFIN

おかず マフィン

どんな食材とも相性よしのクセのない基本の生地。
種類豊富なチーズをのせたおしゃれなものから、
パン屋さんに並ぶ惣菜パンのようなコロッケやカレー入りのものまで。
お腹も心も満たされるアイディアいっぱいの甘くないマフィンです。

基本のおかずマフィン

ちょっぴり塩気の効いたおかずマフィンの生地。
生地が主張しすぎないように配合をしっかり考えました。
具材の味をしっかり感じられるから飽きることなく食べられます。

基本の生地で作る
ブラックペッパーマフィン

スープやシチューなどに合う、ほんのりブラックペッパーが香るプレーンマフィン。
彩りのイタリアンパセリがポイント。

材料（マフィン6個型1台分）

A ┌ バター…90g
　 └ グラニュー糖…大さじ1
ヨーグルト…大さじ1
コーングリッツ…30g
ブラックペッパー…ふたつまみ
卵…2個

B ┌ 薄力粉…200g
　 │ ベーキングパウダー…大さじ1
　 └ 塩…ふたつまみ
牛乳…140㎖
イタリアンパセリ…適量
パン粉…適量

下準備

＊バター、卵、牛乳は室温に戻す。
＊Bは合わせてふるいにかける。
＊型にグラシンカップを入れる。
＊オーブンを190℃に温めておく。

作り方

❶ ボウルにAを入れ、白っぽくなるまで泡立て器で混ぜ合わせる。すべらないようにぬれた布きんをボウルの下に置くと混ぜやすい。

❷ ヨーグルトを一気に加え、泡立て器でしっかりと混ぜる。

❸ コーングリッツを一気に加え、泡立て器でしっかりと混ぜる。

❹ ブラックペッパーを一気に加え、泡立て器でしっかりと混ぜる。

❺ 溶いた卵を3回に分けて加え、そのつど泡立て器で混ぜ合わせる。

❻ Bの粉類の1/3量を加え、ゴムベラでさっくりと混ぜ合わせる。ぬれ布きんを外し、ボウルをゴムベラと反対方向に回して、大きく混ぜ合わせ、練らないように注意する。

 →  →

❼ 粉っぽさが残っているうちに牛乳を半量加えてゴムベラで混ぜる。B、牛乳、Bの順に加えてそのつど混ぜ合わせ、最後に粉っぽさがなくなるまでさっくりと混ぜる。

❽ グラシンカップをセットした型に生地を全量入れる。生地はもったりしているので、グラシンカップいっぱいの高さを目安にゴムベラですくって指で押し出して入れる。

❾ イタリアンパセリをのせ、指で押して生地になじませる。パン粉をふりかける。＊彩りのハーブは加熱してもグリーンが残るイタリアンパセリがおすすめ。

❿ 190℃に温めたオーブンで20分焼く。型ごとケーキクーラーにのせて粗熱を取る。

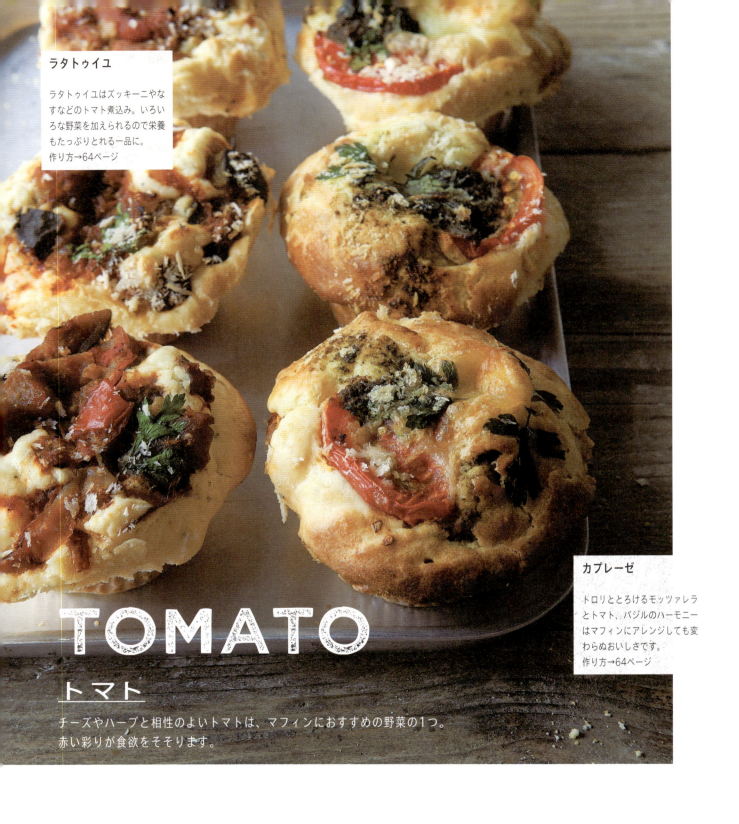

ラタトゥイユ

ラタトゥイユはズッキーニやなすなどのトマト煮込み。いろいろな野菜を加えられるので栄養もたっぷりとれる一品に。
作り方→64ページ

カプレーゼ

トロリととろけるモッツァレラとトマト、バジルのハーモニーはマフィンにアレンジしても変わらぬおいしさです。
作り方→64ページ

TOMATO
トマト

チーズやハーブと相性のよいトマトは、マフィンにおすすめの野菜の1つ。
赤い彩りが食欲をそそります。

POTATO

じゃがいも

ほっくりとした食感が魅力のじゃがいも。
食べごたえがあり、満腹感もあるのでランチにもおすすめのマフィン。

たらもサラダ

明太子とマヨネーズのソースをじゃがいもにからめたサラダをマフィンにしました。そのままでもおいしいですが、マフィンに入れれば、これだけで食事になります。
作り方→65ページ

RATATOUILLE
ラタトゥイユ

材料 （マフィン6個型1台分）

A ┌ バター…90g
  └ グラニュー糖…大さじ1
ヨーグルト…大さじ1
コーングリッツ…30g
ブラックペッパー…ふたつまみ
卵…2個

B ┌ 薄力粉…200g
  │ ベーキングパウダー…大さじ1
  └ 塩…ふたつまみ
牛乳…140mℓ
ラタトゥイユ（p.65）
　…180g（大さじ12）
イタリアンパセリ…適量
パン粉…適量

下準備

* バター、卵、牛乳は室温に戻す。
* Bは合わせてふるいにかける。
* 型にグラシンカップを入れる。
* オーブンを190℃に温めておく。

作り方

STEP.1　生地を作る

❶ ボウルにAを入れ、白っぽくなるまで泡立て器で混ぜ合わせる。
❷ ヨーグルトを加え、泡立て器でしっかり混ぜる。
❸ コーングリッツを加えて混ぜ、ブラックペッパーを加えて混ぜ合わせる。
❹ 溶いた卵を3回に分けて加え、そのつど混ぜ合わせる。
❺ Bの粉類の1/3量を加えゴムベラでさっくりと混ぜ合わせる。粉っぽさが残っているうちに牛乳を半量加えて混ぜる。
❻ B、牛乳、Bの順に加えてそのつど混ぜ合わせ、最後に粉っぽさがなくなるまでさっくりと混ぜる。

STEP.2　具材を加える

❶ 型に生地を全量入れ、スプーンの背を押しつけくるりと回して穴をあけ（p.8）、ラタトゥイユを大さじ2ずつ入れる。
❷ イタリアンパセリとパン粉をのせる。

STEP.3　焼いて仕上げる

❶ 190℃に温めたオーブンで20分焼く。
❷ 型ごとケーキクーラーにのせて粗熱を取り、型から外す。

CAPRESE
カプレーゼ

材料 （マフィン6個型1台分）

A ┌ バター…90g
  └ グラニュー糖…大さじ1
ヨーグルト…大さじ1
コーングリッツ…30g
ブラックペッパー…ふたつまみ
卵…2個

B ┌ 薄力粉…200g
  │ ベーキングパウダー…大さじ1
  └ 塩…ふたつまみ
牛乳…140mℓ
トマト…120g
モッツァレラチーズ…100g（1個分）
バジルペースト（p.65）…60g（小さじ12）
イタリアンパセリ…適量
パン粉…適量

下準備

* バター、卵、牛乳は室温に戻す。
* Bは合わせてふるいにかける。
* 型にグラシンカップを入れる。
* オーブンを190℃に温めておく。

作り方

STEP.1　生地を作る

❶ ボウルにAを入れ、白っぽくなるまで泡立て器で混ぜ合わせる。
❷ ヨーグルトを加え、泡立て器でしっかり混ぜる。
❸ コーングリッツを加えて混ぜ、ブラックペッパーを加えて混ぜ合わせる。
❹ 溶いた卵を3回に分けて加え、そのつど混ぜ合わせる。
❺ Bの粉類の1/3量を加えゴムベラでさっくりと混ぜ合わせる。粉っぽさが残っているうちに牛乳を半量加えて混ぜる。
❻ B、牛乳、Bの順に加えてそのつど混ぜ合わせ、最後に粉っぽさがなくなるまでさっくりと混ぜる。

STEP.2　具材を加える

❶ 型に生地を半量入れ、スプーンの背を押しつけくるりと回して穴をあけ（p.8）、半月切りにしたトマトを1切れずつ、6等分にスライスしたモッツァレラチーズ、バジルペーストを小さじ1ずつ入れる。
❷ 残りの生地を入れ、①と同様に具材のせる。
❸ イタリアンパセリとパン粉をのせる。

STEP.3　焼いて仕上げる

❶ 190℃に温めたオーブンで20分焼く。
❷ 型ごとケーキクーラーにのせて粗熱を取り、型から外す。

チーズ

モッツァレラチーズ
もちっとした食感とクセのなさが人気のナチュラルチーズ。味のしっかりしたトマトやバジルとの相性もバッチリ。

COD ROE AND POTATO SALAD
たらもサラダ

材料（マフィン6個型1台分）

A [バター…90g
    グラニュー糖…大さじ1]
ヨーグルト…大さじ1
コーングリッツ…30g
ブラックペッパー…ふたつまみ
卵…2個

B [薄力粉…200g
    ベーキングパウダー…大さじ1
    塩…ふたつまみ]
牛乳…140㎖
たらもサラダ（下記）…180g（大さじ12）
イタリアンパセリ…適量
パン粉…適量

下準備
＊バター、卵、牛乳は室温に戻す。
＊Bは合わせてふるいにかける。
＊型にグラシンカップを入れる。
＊オーブンを190℃に温めておく。

作り方

STEP.1 生地を作る

❶ ボウルにAを入れ、白っぽくなるまで泡立て器で混ぜ合わせる。
❷ ヨーグルトを加え、泡立て器でしっかり混ぜる。
❸ コーングリッツを加えて混ぜ、ブラックペッパーを加えて混ぜ合わせる。
❹ 溶いた卵を3回に分けて加え、そのつど混ぜ合わせる。
❺ Bの粉類の1/3量を加えゴムベラでさっくりと混ぜ合わせる。粉っぽさが残っているうちに牛乳を半量加えて混ぜる。
❻ B、牛乳、Bの順に加えてそのつど混ぜ合わせ、最後に粉っぽさがなくなるまでさっくりと混ぜる。

STEP.2 具材を加える

❶ 型に生地を全量入れ、スプーンの背を押しつけくるりと回して穴をあけ（p.8）、たらもサラダを大さじ2ずつ入れる。
❷ イタリアンパセリとパン粉をのせる。

STEP.3 焼いて仕上げる

❶ 190℃に温めたオーブンで20分焼く。
❷ 型ごとケーキクーラーにのせて粗熱を取り、型から外す。

ラタトゥイユの作り方

家にある野菜で作れ、冷やしてもおいしくいただけます。マフィンの具材はもちろん、たくさん作って常備菜にするのもおすすめ。具材に使う場合は粗熱を取ってから生地に入れてください。

材料（作りやすい分量）
ズッキーニ…1本
たまねぎ…1/2個
パプリカ…1個
ピーマン…2個
なす…2本
トマト…3個
エクストラバージンオリーブオイル…大さじ2
コンソメ（顆粒）…小さじ1
塩、こしょう…各適量
（※保存容器に入れ、冷蔵で5日間、冷凍で1ヵ月間保存可能）

作り方
❶ 野菜はさいの目に切る。なすは塩水（分量外）につけ、水気をきる。
❷ 鍋にオリーブオイルを熱し、①を炒める。
❸ 全体に火が通ったら、コンソメを加える。水分を飛ばしながら炒め、塩、こしょうで味をととのえる。

バジルペーストの作り方

フレッシュハーブを使って手作りすると香りも格別。もちろん市販のバジルペーストを使用してもおいしくできます。

材料（作りやすい分量）
フレッシュバジル…100g
くるみ…40g
エクストラバージンオリーブオイル…50㎖
塩…小さじ1
にんにく…1片
（※保存容器に入れ、冷蔵で3週間。）

作り方
材料をすべてフードプロセッサーに入れ、なめらかになるまで攪拌し、保存容器に移す。

たらもサラダの作り方

じゃがいもは少し形を残す程度につぶすと、マフィンに入れたとき、じゃがいものホクホク感が残って食べごたえがあります。

材料（作りやすい分量）
じゃがいも…3個
明太子…約60g
マヨネーズ…大さじ1
塩、こしょう…各適量

（※保存容器に入れ、冷蔵で5日間保存可能）

作り方

❶ じゃがいもは皮をむいてラップに包み、電子レンジで6分加熱する。竹串がすっと通るくらいの柔らかさになればOK。ボウルに入れてゴムベラでつぶす。

❷ 明太子は皮を取り除き、マヨネーズとともに①に加えて混ぜ合わせる。

❸ 塩、こしょうを加えて軽く混ぜ、味をととのえる。

65

チェダーチーズ&くるみ

とろりととけるチェダーチーズ
はまさにマフィン向き。くるみ
の香ばしさとよく合うのでぜひ
試してみてください。
作り方→68ページ

ツナチェダー

ツナとマヨネーズを和えた定番
のペーストにチェダーチーズを
プラス。しっかりとした味つけ
のフィリングはシンプルな生地
とマッチします。
作り方→69ページ

CHEESE

チーズ

焼いて食べるとおいしさも格別。
デザートだけではなく、おかずにだってもちろん合います。
チェダーチーズや香りが濃厚なブルーチーズなど、バリエーションも豊富です。

スモークサーモン&
クリームチーズ

生のまま食べることの多い組み合わせでもマフィンにしてほどよく火を通せば違った味わいを楽しめます。
作り方→68ページ

CHEDDAR CHEESE AND WALNUT
チェダーチーズ&くるみ

材料（マフィン6個型1台分）

A ┌ バター…90g
　└ グラニュー糖…大さじ1
ヨーグルト…大さじ1
コーングリッツ…30g
ブラックペッパー…ふたつまみ
卵…2個

B ┌ 薄力粉…200g
　├ ベーキングパウダー…大さじ1
　└ 塩…ふたつまみ
牛乳…140ml
チェダーチーズ…180g（1cm角を36個）
くるみ…適量
イタリアンパセリ…適量
パン粉…適量

下準備

＊バター、卵、牛乳は室温に戻す。
＊Bは合わせてふるいにかける。
＊型にグラシンカップを入れる。
＊オーブンを180℃に温めておく。

作り方

STEP.1　生地を作る

❶ ボウルにAを入れ、白っぽくなるまで泡立て器で混ぜ合わせる。
❷ ヨーグルトを加え、泡立て器でしっかり混ぜる。
❸ コーングリッツを加えて混ぜ、ブラックペッパーを加えて混ぜ合わせる。
❹ 溶いた卵を3回に分けて加え、そのつど混ぜ合わせる。
❺ Bの粉類の1/3量を加えゴムベラでさっくりと混ぜ合わせる。粉っぽさが残っているうちに牛乳を半量加えて混ぜる。
❻ B、牛乳、Bの順に加えてそのつど混ぜ合わせ、最後に粉っぽさがなくなるまでさっくりと混ぜる。

STEP.2　具材を加える

❶ 型に生地を半量入れ（p.8）、チェダーチーズを3個ずつとくるみを適量入れる。
❷ 残りの生地を入れ、①と同様に具材をのせる。
❸ イタリアンパセリとパン粉をのせる。

STEP.3　焼いて仕上げる

❶ 190℃に温めたオーブンで20分焼く。
❷ 型ごとケーキクーラーにのせて粗熱を取り、型から外す。

チーズ

チェダーチーズ
黄色やオレンジが特徴のセミハードタイプのチーズ。ほどよい風味で人気が高く、熱に溶けやすいので温める料理にも向いています。

SMOKED SALMON AND CLEAM CHEESE
スモークサーモン&クリームチーズ

材料（マフィン6個型1台分）

A ┌ バター…90g
　└ グラニュー糖…大さじ1
ヨーグルト…大さじ1
コーングリッツ…30g
ブラックペッパー…ふたつまみ
卵…2個

B ┌ 薄力粉…200g
　├ ベーキングパウダー…大さじ1
　└ 塩…ふたつまみ
牛乳…140ml
スモークサーモン…9枚
クリームチーズ…120g（1cm角を36個）
イタリアンパセリ…適量
パン粉…適量

下準備

＊バター、卵、牛乳は室温に戻す。
＊Bは合わせてふるいにかける。
＊型にグラシンカップを入れる。
＊オーブンを180℃に温めておく。

作り方

STEP.1　生地を作る

❶ ボウルにAを入れ、白っぽくなるまで泡立て器で混ぜ合わせる。
❷ ヨーグルトを加え、泡立て器でしっかり混ぜる。
❸ コーングリッツを加えて混ぜ、ブラックペッパーを加えて混ぜ合わせる。
❹ 溶いた卵を3回に分けて加え、そのつど混ぜ合わせる。
❺ Bの粉類の1/3量を加えゴムベラでさっくりと混ぜ合わせる。粉っぽさが残っているうちに牛乳を半量加えて混ぜる。
❻ B、牛乳、Bの順に加えてそのつど混ぜ合わせ、最後に粉っぽさがなくなるまでさっくりと混ぜる。

STEP.2　具材を加える

❶ スモークサーモンは1/4の長さにカットする。
❷ 型に生地を半量入れ（p.8）、スモークサーモンを3切れずつとクリームチーズを3個ずつ入れる。
❸ 残りの生地を入れ、②と同様に具材をのせる。
❹ イタリアンパセリとパン粉をのせる。

STEP.3　焼いて仕上げる

❶ 190℃に温めたオーブンで20分焼く。
❷ 型ごとケーキクーラーにのせて粗熱を取り、型から外す。

TUNA CHEDDAR
ツナチェダー

材料（マフィン6個型1台分）

A ┌ バター…90g
　└ グラニュー糖…大さじ1
ヨーグルト…大さじ1
コーングリッツ…30g
ブラックペッパ…ふたつまみ
卵…2個

B ┌ 薄力粉…200g
　├ ベーキングパウダー…大さじ1
　└ 塩…ふたつまみ
牛乳…140ml
ツナペースト（下記）…180g（大さじ12）
チェダーチーズ…90g（1cm角を18個）
ブラックオリーブ（スライス）…適量
イタリアンパセリ…適量
パン粉…適量

下準備
* バター、卵、牛乳は室温に戻す。
* Bは合わせてふるいにかける。
* 型にグラシンカップを入れる。
* オーブンは190℃に温めておく。

作り方

STEP.1　生地を作る

1. ボウルにAを入れ、白っぽくなるまで泡立て器で混ぜ合わせる。
2. ヨーグルトを加え、泡立て器でしっかり混ぜる。
3. コーングリッツを加えて混ぜ、ブラックペッパーを加えて混ぜ合わせる。
4. 溶いた卵を3回に分けて加え、そのつど混ぜ合わせる。
5. Bの粉類の1/3量を加えゴムベラでさっくりと混ぜ合わせる。粉っぽさが残っているうちに牛乳を半量加えて混ぜる。
6. B、牛乳、Bの順に加えてそのつど混ぜ合わせ、最後に粉っぽさがなくなるまでさっくりと混ぜる。

STEP.2　具材を加える

1. 型に生地を全量入れ、スプーンの背を押しつけくるりと回して穴をあけ（p.8）、ツナペーストを大さじ2ずつ入れる。
2. チェダーチーズ3個ずつとブラックオリーブ適量をのせる。
3. イタリアンパセリとパン粉をのせる。

STEP.3　焼いて仕上げる

1. 190℃に温めたオーブンで20分焼く。
2. 型ごとケーキクーラーにのせて粗熱を取り、型から外す。

ツナペーストの作り方

たまねぎのみじん切りを加えてあるので、さっぱりといただけます。サンドイッチの具材やクラッカーの上にのせておつまみにするなど、いろいろなアレンジができます。

材料（作りやすい分量）
ツナ（缶詰）…2缶
たまねぎ（みじん切り）…大さじ2
マヨネーズ…適量
塩、こしょう…各適量

作り方
ボウルにすべての材料を入れて混ぜ合わせる。

（※保存容器に入れ、冷蔵で5日間保存可能）

CHEESE

きのことベーコンの パルメザンチーズ

炒めて旨みがぎゅっと詰まった きのこが生地とよく合います。 風味豊かなパルメザンチーズを たっぷりと効かせて。
作り方→72ページ

ゴルゴンゾーラ&ハニー

独特の風味がクセになるブルー チーズにはちみつのやさしい甘 みを合わせました。塩気と甘さ がちょうどよいバランスでまろ やかさとコクのある味に。
作り方→72ページ

自家製ミートソース＆モッツァレラチーズ

コクのあるミートソースには、あっさりタイプのモッツァレラチーズがぴったり。チーズがとろけてソースにからみます。
作り方→73ページ

MEAT SAUCE
ミートソース

自家製ミートソース

トマト味がしっかり効いたミートソース入りのマフィンはどことなく懐かしさが感じられる味です。ソースはパスタやラザニアなど、何にでも使えるのでたくさん作ってストックしておきましょう。
作り方→73ページ

市販品でもOKなのですが、手作りしたミートソースを使えば、おいしさがアップします。マフィン生地との相性はもちろんのこと、他の具材との組み合わせもよいので、いろいろ試してください。

MUSHROOM AND BACON AND PARMESAN CHEESE
きのことベーコンの パルメザンチーズ

材料（マフィン6個型1台分）

A [バター…90g
    グラニュー糖…大さじ1]
ヨーグルト…大さじ1
コーングリッツ…30g
ブラックペッパー…ふたつまみ
卵…2個

B [薄力粉…200g
    ベーキングパウダー…大さじ1
    塩…ふたつまみ]
牛乳…140㎖
きのこ炒め（下記）…180g（大さじ12）
イタリアンパセリ…適量
パン粉…適量

下準備
* バター、卵、牛乳は室温に戻す。
* Bは合わせてふるいにかける。
* 型にグラシンカップを入れる。
* オーブンを190℃に温めておく。

チーズ
パルメザンチーズ
熱を加えると、とろりとのびて食欲をそそります。パスタやグラタンなどの仕上げに。

作り方

STEP.1　生地を作る

1. ボウルにAを入れ、白っぽくなるまで泡立て器で混ぜ合わせる。
2. ヨーグルトを加え、泡立て器でしっかり混ぜる。
3. コーングリッツを加えて混ぜ、ブラックペッパーを加えて混ぜ合わせる。
4. 溶いた卵を3回に分けて加え、そのつど混ぜ合わせる。
5. Bの粉類の1/3量を加えゴムベラでさっくりと混ぜ合わせる。粉っぽさが残っているうちに牛乳を半量加えて混ぜる。
6. B、牛乳、Bの順に加えてそのつど混ぜ合わせ、最後に粉っぽさがなくなるまでさっくりと混ぜる。

STEP.2　具材を加える

1. 型に生地を全量入れ、スプーンの背を押しつけくるりと回して穴をあけ（p.8）、きのこ炒めを大さじ2ずつ入れる。
2. イタリアンパセリとパン粉をのせる。

STEP.3　焼いて仕上げる

1. 190℃に温めたオーブンで20分焼く。
2. 型ごとケーキクーラーにのせて粗熱を取り、型から外す。

きのこ炒めの作り方

お好みのきのこでOK。ベーコンの旨みをきのこが吸ってチーズの香りが広がります。

材料（作りやすい分量）
きのこ（4～5種類）…400～500g
ベーコン…100g
エクストラバージン
　オリーブオイル…適量
塩、こしょう…各適量
パルメザンチーズ…適量

作り方

1. きのこはひと口サイズに切り、ベーコンは1㎝幅に切る。
2. 鍋にオリーブオイルを熱し、①を炒め、塩、こしょうをして水分がなくなるまで炒める。
3. 火を止めてパルメザンチーズをふり、軽く混ぜる。

GORGONZOLA AND HONEY
ゴルゴンゾーラ＆ ハニー

材料（マフィン6個型1台分）

A [バター…90g
    グラニュー糖…大さじ1]
ヨーグルト…大さじ1
コーングリッツ…30g
ブラックペッパー…ふたつまみ
卵…2個

B [薄力粉…200g
    ベーキングパウダー…大さじ1
    塩…ふたつまみ]
牛乳…140㎖
ゴルゴンゾーラチーズ
　…120g（角切り12個）
はちみつ…小さじ6
くるみ…適量
イタリアンパセリ…適量
パン粉…適量

下準備
* バター、卵、牛乳は室温に戻す。
* Bは合わせてふるいにかける。
* 型にグラシンカップを入れる。
* オーブンを190℃に温めておく。

作り方

STEP.1　生地を作る

1. ボウルにAを入れ、白っぽくなるまで泡立て器で混ぜ合わせる。
2. ヨーグルトを加え、泡立て器でしっかり混ぜる。
3. コーングリッツを加えて混ぜ、ブラックペッパーを加えて混ぜ合わせる。
4. 溶いた卵を3回に分けて加え、そのつど混ぜ合わせる。
5. Bの粉類の1/3量を加えゴムベラでさっくりと混ぜ合わせる。粉っぽさが残っているうちに牛乳を半量加えて混ぜる。
6. B、牛乳、Bの順に加えてそのつど混ぜ合わせ、最後に粉っぽさがなくなるまでさっくりと混ぜる。

STEP.2　具材を加える

1. 型に生地を半量入れ（p.8）、ゴルゴンゾーラチーズ1個を入れ、はちみつを小さじ1ずつかける。
2. 残りの生地を入れ、中心にゴルゴンゾーラチーズ1個をのせて周りにくるみをのせる。
3. イタリアンパセリとパン粉をのせる。

STEP.3　焼いて仕上げる

1. 190℃に温めたオーブンで20分焼く。
2. 型ごとケーキクーラーにのせて粗熱を取り、型から外す。

チーズ

ゴルゴンゾーラチーズ
香りと塩気の強いブルーチーズ。くるみやはちみつなど相性のよい素材を合わせるとおいしさが引き立ちます。

HOMEMADE MEAT SAUCE
自家製ミートソース

材料（マフィン6個型1台分）

A ┌ バター…90g
　└ グラニュー糖…大さじ1
ヨーグルト…大さじ1
コーングリッツ…30g
ブラックペッパー…ふたつまみ
卵…2個

B ┌ 薄力粉…200g
　│ ベーキングパウダー…大さじ1
　└ 塩…ふたつまみ
牛乳…140ml
ミートソース（下記または市販品）
　…135g（大さじ9）
イタリアンパセリ…適量
パン粉…適量

下準備

* バター、卵、牛乳は室温に戻す。
* Bは合わせてふるいにかける。
* 型にグラシンカップを入れる。
* オーブンを190℃に温める

作り方

STEP.1　生地を作る

1. ボウルにAを入れ、白っぽくなるまで泡立て器で混ぜ合わせる。
2. ヨーグルトを加え、泡立て器でしっかり混ぜる。
3. コーングリッツを加えて混ぜ、ブラックペッパーを加えて混ぜ合わせる。
4. 溶いた卵を3回に分けて加え、そのつど混ぜ合わせる。
5. Bの粉類の1/3量を加えゴムベラでさっくりと混ぜ合わせる。粉っぽさが残っているうちに牛乳を半量加えて混ぜる。
6. B、牛乳、Bの順に加えてそのつど混ぜ合わせ、最後に粉っぽさがなくなるまでさっくりと混ぜる。

STEP.2　具材を加える

1. 型に生地を全量入れ、スプーンの背を押しつけくるりと回して穴をあけ（p.8）、ミートソースを大さじ1と1/2ずつ入れる。
2. イタリアンパセリとパン粉をのせる。

STEP.3　焼いて仕上げる

1. 190℃に温めたオーブンで20分焼く。
2. 型ごとケーキクーラーにのせて粗熱を取り、型から外す。

HOMEMADE MEAT SAUCE AND MOZZARELLA
自家製ミートソース＆モッツァレラチーズ

材料（マフィン6個型1台分）

A ┌ バター…90g
　└ グラニュー糖…大さじ1
ヨーグルト…大さじ1
コーングリッツ…30g
ブラックペッパー…ふたつまみ
卵…2個

B ┌ 薄力粉…200g
　│ ベーキングパウダー…大さじ1
　└ 塩…ふたつまみ
牛乳…140ml
ミートソース（下記または市販品）
　…135g（大さじ9）
モッツァレラチーズ…90g
イタリアンパセリ…適量
パン粉…適量

下準備

* バター、卵、牛乳は室温に戻す。
* Bは合わせてふるいにかける。
* 型にグラシンカップを入れる。
* オーブンを190℃に温める

作り方

STEP.1　生地を作る

1. ボウルにAを入れ、白っぽくなるまで泡立て器で混ぜ合わせる。
2. ヨーグルトを加え、泡立て器でしっかり混ぜる。
3. コーングリッツを加えて混ぜ、ブラックペッパーを加えて混ぜ合わせる。
4. 溶いた卵を3回に分けて加え、そのつど混ぜ合わせる。
5. Bの粉類の1/3量を加えゴムベラでさっくりと混ぜ合わせる。粉っぽさが残っているうちに牛乳を半量加えて混ぜる。
6. B、牛乳、Bの順に加えてそのつど混ぜ合わせ、最後に粉っぽさがなくなるまでさっくりと混ぜる。

STEP.2　具材を加える

1. 型に生地を全量入れ、スプーンの背を押しつけくるりと回して穴をあけ（p.8）、ミートソースを大さじ1と1/2ずつとモッツァレラチーズを15gずつ入れる。
2. イタリアンパセリとパン粉をのせる。

STEP.3　焼いて仕上げる

1. 190℃に温めたオーブンで20分焼く。
2. 型ごとケーキクーラーにのせて粗熱を取り、型から外す。

ミートソースの作り方

たっぷり作っていろいろな料理に使える万能ソース。
マフィンの具材は市販のものを使ってもOK。水っぽくならないように水分を少し飛ばしてから使うと扱いやすいです。

材料（作りやすい分量）

合挽き肉…500g
A ┌ たまねぎ…2個
　│ にんじん…1本
　└ セロリ（大）…1本
トマト（水煮缶）…2個
塩、こしょう…各適量
エクストラバージン
オリーブオイル…大さじ3

※保存容器に入れ、冷蔵で1週間、冷凍で1ヵ月間保存可能

作り方

1. Aはすべてみじん切りにする。
2. 鍋にオリーブオイルを中火で熱し、挽き肉を炒める。色が変わったら①を加え、20分炒める。
3. トマトの水煮をつぶしながら加え、水分がなくなるまで炒めたら、塩、こしょうで味をととのえる。

OTHERS

あの料理もマフィンに

カレーやから揚げ、コロッケなどおなじみのおかずがマフィンの具材に。
いつものおかずをちょっと多めに作ってマフィンに使えば手間もかかりません。

から揚げ＆
タルタルソース

みんなが大好きなから揚げとタルタルソース。しっかり味付けをすれば食べごたえも十分。朝食やランチにもぴったりです。
作り方→77ページ

チキンとほうれん草の
グラタン

ホワイトソースのやさしい味がしっとりとした生地によく合います。グラタンは市販のものを利用してもOK。
作り方→76ページ

CHICKEN AND SPINACH GRATIN
チキンとほうれん草のグラタン

材料（マフィン6個型1台分）

A ┌ バター…90g
　└ グラニュー糖…大さじ1
ヨーグルト…大さじ1
コーングリッツ…30g
ブラックペッパー…ふたつまみ
卵…2個

B ┌ 薄力粉…200g
　│ ベーキングパウダー…大さじ1
　└ 塩…ふたつまみ
牛乳…140mℓ
チキンとほうれん草
　グラタン（下記）…180g（大さじ12）
イタリアンパセリ…適量
パン粉…適量

下準備
＊バター、卵、牛乳は室温に戻す。
＊Bは合わせてふるいにかける。
＊型にグラシンカップを入れる。
＊オーブンを190℃に温めておく。

作り方

STEP.1 生地を作る

❶ ボウルにAを入れ、白っぽくなるまで泡立て器で混ぜ合わせる。
❷ ヨーグルトを加え、泡立て器でしっかり混ぜる。
❸ コーングリッツを加えて混ぜ、ブラックペッパーを加えて混ぜ合わせる。
❹ 溶いた卵を3回に分けて加え、そのつど混ぜ合わせる。
❺ Bの粉類の1/3量を加えゴムベラでさっくりと混ぜ合わせる。粉っぽさが残っているうちに牛乳を半量加えて混ぜる。
❻ B、牛乳、Bの順に加えてそのつど混ぜ合わせ、最後に粉っぽさがなくなるまでさっくりと混ぜる。

STEP.2 具材を加える

❶ 型に生地を全量入れ、スプーンの背を押しつけくるりと回して穴をあけ（p.8）、チキンとほうれん草のグラタンを大さじ2ずつ入れる。
❷ イタリアンパセリとパン粉をのせる。

STEP.3 焼いて仕上げる

❶ 190℃に温めたオーブンで20分焼く。
❷ 型ごとケーキクーラーにのせて粗熱を取り、型から外す。

チキンとほうれん草のグラタンの作り方

自家製ホワイトソースで作るからなめらかでやさしい味に仕上がります。ほうれん草とチキンの相性も抜群。グラタンだけで食べるときはパン粉とチーズをかけてオーブンで焼いてからいただきます。

材料（作りやすい分量）

鶏もも肉…2枚
たまねぎ…1個
ほうれん草…1束
マカロニ…100g
バター…20g
ホワイトソース（p.83）
　…400g
（※保存容器に入れ、冷蔵で
　5日間保存可能）
コンソメ（顆粒）…小さじ1
塩、こしょう…各適量

作り方

❶ 鶏肉を1cm角に切り、たまねぎは薄切りにする。
❷ ほうれん草とマカロニはそれぞれ茹でる。
❸ 鍋にバターを中火で熱し、①を炒め、②を加える。
❹ ③にホワイトソースを加え、火を通す。
❺ 全体に火が通ったら、コンソメを加える。水分を飛ばしながら炒め、塩、こしょうで味をととのえる。

FRIED CHICKEN AND TARTAR SAUCE
から揚げ＆タルタルソース

【材料】（マフィン6個型1台分）

A ┌ バター…90g
  └ グラニュー糖…大さじ1
ヨーグルト…大さじ1
コーングリッツ…30g
ブラックペッパー…ふたつまみ
卵…2個

B ┌ 薄力粉…200g
  │ ベーキングパウダー…大さじ1
  └ 塩…ふたつまみ
牛乳…140ml
から揚げ（市販品）…6個
タルタルソース（下記）…90g（大さじ6）
イタリアンパセリ…適量
パン粉…適量

【下準備】
＊バター、卵、牛乳は室温に戻す。
＊Bは合わせてふるいにかける。
＊型にグラシンカップを入れる。
＊オーブンを190℃に温めておく。

【作り方】

STEP.1　生地を作る

❶ ボウルにAを入れ、白っぽくなるまで泡立て器で混ぜ合わせる。
❷ ヨーグルトを加え、泡立て器でしっかり混ぜる。
❸ コーングリッツを加えて混ぜ、ブラックペッパーを加えて混ぜ合わせる。
❹ 溶いた卵を3回に分けて加え、そのつど混ぜ合わせる。
❺ Bの粉類の1/3量を加えゴムベラでさっくりと混ぜ合わせる。粉っぽさが残っているうちに牛乳を半量加えて混ぜる。
❻ B、牛乳、Bの順に加えてそのつど混ぜ合わせ、最後に粉っぽさがなくなるまでさっくりと混ぜる。

STEP.2　具材を加える

❶ から揚げは半分の大きさに切る。
❷ 型に生地を全量入れ、スプーンの背を押しつけくるりと回して穴をあけ（p.8）、①を2切れずつ、タルタルソースを大さじ1ずつ入れる。
❸ イタリアンパセリとパン粉をのせる。

STEP.3　焼いて仕上げる

❶ 190℃に温めたオーブンで20分焼く。
❷ 型ごとケーキクーラーにのせて粗熱を取り、型から外す。

タルタルソースの作り方

野菜のシャキシャキ感とソースがからみ、揚げものにぴったり。
材料を刻んで混ぜるだけなのでぜひ作ってみて。

【材料】（作りやすい分量）
ゆで卵…1個
たまねぎ（みじん切り）…大さじ1
ピクルス（みじん切り）…大さじ1
マヨネーズ…大さじ3
塩、こしょう…各適量

【作り方】
ゆで卵はみじん切りにし、すべての材料をボウルに入れてよく混ぜる。

（※保存容器に入れ、冷蔵で3日間保存可能）

野菜カレー
カレーは残った手作りのカレーでもレトルトでもOK。パプリカやトマトなど彩り野菜をプラスして焼けば、見た目もおしゃれに。

エッグカレー
カレーに卵を合わせるとマイルドな味わいに。インパクトが出て、子どもたちにも喜ばれそう。

VEGETABLE CURRY
野菜カレー

材料（マフィン6個型1台分）
A ┌ バター…90g
  └ グラニュー糖…大さじ1
ヨーグルト…大さじ1
コーングリッツ…30g
ブラックペッパー…ふたつまみ
卵…2個

B ┌ 薄力粉…200g
  │ ベーキングパウダー…大さじ1
  └ 塩…ふたつまみ
牛乳…140㎖
カレー（市販品など）
　…180g（大さじ12）
パプリカ、なす、ズッキーニ
　などの野菜…各適量
イタリアンパセリ…適量
パン粉…適量

下準備
＊バター、卵、牛乳は室温に戻す。
＊Bは合わせてふるいにかける。
＊型にグラシンカップを入れる。
＊オーブンは、190℃に温めておく。

作り方

STEP.1　生地を作る

❶ ボウルにAを入れ、白っぽくなるまで泡立て器で混ぜ合わせる。
❷ ヨーグルトを加え、泡立て器でしっかり混ぜる。
❸ コーングリッツを加えて混ぜ、ブラックペッパーを加えて混ぜ合わせる。
❹ 溶いた卵を3回に分けて加え、そのつど混ぜ合わせる。
❺ Bの粉類の1/3量を加えゴムベラでさっくりと混ぜ合わせる。粉っぽさが残っているうちに牛乳を半量加えて混ぜる。
❻ B、牛乳、Bの順に加えてそのつど混ぜ合わせ、最後に粉っぽさがなくなるまでさっくりと混ぜる。

STEP.2　具材を加える

❶ 野菜は適当な大きさにカットし、素揚げする。
❷ 型に生地を全量入れ、スプーンの背を押しつけくるりと回して穴をあけ（p.8）、カレーを大さじ2ずつ入れる。
❸ ①とイタリアンパセリとパン粉をのせる。

STEP.3　焼いて仕上げる

❶ 190℃に温めたオーブンで20分焼く。
❷ 型ごとケーキクーラーにのせて粗熱を取り、型から外す。

EGG CURRY
エッグカレー

材料（マフィン6個型1台分）
A ┌ バター…90g
  └ グラニュー糖…大さじ1
ヨーグルト…大さじ1
コーングリッツ…30g
ブラックペッパー…ふたつまみ
卵…2個

B ┌ 薄力粉…200g
  │ ベーキングパウダー…大さじ1
  └ 塩…ふたつまみ
牛乳…140㎖
カレー（市販品など）
　…180g（大さじ12）
ゆで卵…2個
イタリアンパセリ…適量
パン粉…適量

下準備
＊バター、卵、牛乳は室温に戻す。
＊Bは合わせてふるいにかける。
＊型にグラシンカップを入れる。
＊オーブンは、190℃に温めておく。

作り方

STEP.1　生地を作る

❶ ボウルにAを入れ、白っぽくなるまで泡立て器で混ぜ合わせる。
❷ ヨーグルトを加え、泡立て器でしっかり混ぜる。
❸ コーングリッツを加えて混ぜ、ブラックペッパーを加えて混ぜ合わせる。
❹ 溶いた卵を3回に分けて加え、そのつど混ぜ合わせる。
❺ Bの粉類の1/3量を加えゴムベラでさっくりと混ぜ合わせる。粉っぽさが残っているうちに牛乳を半量加えて混ぜる。
❻ B、牛乳、Bの順に加えてそのつど混ぜ合わせ、最後に粉っぽさがなくなるまでさっくりと混ぜる。

STEP.2　具材を加える

❶ ゆで卵は5㎜厚さにカットし、黄身のある部分を6枚用意する。
❷ 型に生地を全量入れ、スプーンの背を押しつけくるりと回して穴をあけ（p.8）、カレーを大さじ2ずつ入れる。
❸ ①とイタリアンパセリとパン粉をのせる。

STEP.3　焼いて仕上げる

❶ 190℃に温めたオーブンで20分焼く。
❷ 型ごとケーキクーラーにのせて粗熱を取り、型から外す。

自家製コロッケ

ソースは生地と相性のよいケチャップを合わせるのがポイント。惣菜パンのようにたっぷり具材が入ったマフィンです。
作り方→82ページ

ラザニア

マフィンに入れるのは無理？と思う料理もチャレンジしてみると意外なおいしさに気づくもの。縦にカットして入れるのがラザニアらしさを残すコツ。
作り方→83ページ

HOMEMADE CROQUETTE
自家製コロッケ

材料（マフィン6個型1台分）

A ┌ バター…90g
  └ グラニュー糖…大さじ1
ヨーグルト…大さじ1
コーングリッツ…30g
ブラックペッパー…ふたつまみ
卵…2個

B ┌ 薄力粉…200g
  │ ベーキングパウダー…小さじ1
  └ 塩…ふたつまみ
牛乳…140ml
コロッケ（下記または市販品）…3個
中濃ソース…大さじ3
ケチャップ…大さじ3

イタリアンパセリ…適量
パン粉…適量

下準備
＊バター、卵、牛乳は室温に戻す。　＊Bは合わせてふるいにかける。　＊型にグラシンカップを入れる。
＊オーブンを190℃に温めておく。

作り方

STEP.1　生地を作る

❶ ボウルにAを入れ、白っぽくなるまで泡立て器で混ぜ合わせる。
❷ ヨーグルトを加え、泡立て器でしっかり混ぜる。
❸ コーングリッツを加えて混ぜ、ブラックペッパーを加えて混ぜ合わせる。
❹ 溶いた卵を3回に分けて加え、そのつど混ぜ合わせる。
❺ Bの粉類の1/3量を加えゴムベラでさっくりと混ぜ合わせる。粉っぽさが残っているうちに牛乳を半量加えて混ぜる。
❻ B、牛乳、Bの順に加えてそのつど混ぜ合わせ、最後に粉っぽさがなくなるまでさっくりと混ぜる。

STEP.2　具材を加える

❶ コロッケは半分に切り、中濃ソースとケチャップと一緒にボウルに入れ混ぜ合わせる。
❷ 型に生地を全量入れ、スプーンの背を押しつけくるりと回して穴をあけ（p.8）、①のソースを大さじ1ずつ入れ、コロッケを切り口を上にして入れる。
❸ イタリアンパセリとパン粉をのせる。

STEP.3　焼いて仕上げる

❶ 190℃に温めたオーブンで20分焼く。
❷ 型ごとケーキクーラーにのせて粗熱を取り、型から外す。

コロッケの作り方

冷凍もできるからたくさん作っておくと何かと便利。市販のものでもおいしく作れます。

材料
（小判形　8個分）
じゃがいも（中）…4個
合挽き肉…150g
たまねぎ（みじん切り）…1個
コンソメ（顆粒）…大さじ1/2
塩、こしょう…各適量
エキストラバージン
　オリーブオイル…適量
小麦粉、卵、パン粉…各適量

※ラップで包み保存容器に入れ、冷蔵で5日間保存可能、冷凍で1ヵ月保存可能

作り方

❶ じゃがいもは皮をむき、ラップに包んで電子レンジで6分加熱する。竹串がすっと通るくらい柔らかくなればOK。熱いうちにボウルに入れ粗めにつぶす。

❷ フライパンにオリーブオイルを中火で熱し、合挽き肉を入れ、塩、こしょうをして炒める。

❸ 肉に火が通ったらたまねぎを加えてさらに炒める。

❹ 全体に火が通ったら、コンソメを加え、塩、こしょうで味をととのえる。

❺ ①に④を加えてざっくりと混ぜ、適当な大きさの小判形に丸める。

❻ 小麦粉をつけ、溶いた卵、パン粉の順にまぶし、180℃の油でさっくり揚げる。

LASAGNA
ラザニア

材料（マフィン6個型1台分）

A ┌ バター…90g
  └ グラニュー糖…大さじ1
ヨーグルト…大さじ1
コーングリッツ…30g
ブラックペッパー…ふたつまみ
卵…2個

B ┌ 薄力粉…200g
  │ ベーキングパウダー…小さじ1
  └ 塩…ふたつまみ
牛乳…140ml
ラザニア（下記）（5cm角）…6個
イタリアンパセリ…適量
パン粉…適量

下準備

＊バター、卵、牛乳は室温に戻す。　＊Bは合わせてふるいにかける。　＊型にグラシンカップを入れる。
＊オーブンを190℃に温めておく。

作り方

STEP.1 生地を作る

❶ ボウルにAを入れ、白っぽくなるまで泡立て器で混ぜ合わせる。
❷ ヨーグルトを加え、泡立て器でしっかり混ぜる。
❸ コーングリッツを加えて混ぜ、ブラックペッパーを加えて混ぜ合わせる。
❹ 溶いた卵を3回に分けて加え、そのつど混ぜ合わせる。
❺ Bの粉類の1/3量を加えゴムベラでさっくりと混ぜ合わせる。粉っぽさが残っているうちに牛乳を半量加えて混ぜる。
❻ B、牛乳、Bの順に加えてそのつど混ぜ合わせ、最後に粉っぽさがなくなるまでさっくりと混ぜる。

STEP.2 具材を加える

❶ 型に生地を全量入れ、スプーンの背を押しつけくるりと回して穴をあけ（p.8）、ラザニアを1つずつ入れる。
❷ イタリアンパセリとパン粉をのせる。

STEP.3 焼いて仕上げる

❶ 190℃に温めたオーブンで20分焼く。
❷ 型ごとケーキクーラーにのせて粗熱を取り、型から外す。

ラザニアの作り方

板状のパスタとミートソース、ホワイトソースを重ねて焼くだけ。ラザニアは茹でずに使えるタイプが便利。

材料（作りやすい分量）

ラザニア（下茹で不要タイプ）…3枚
ミートソース（p.73）…300g
ホワイトソース（右記）…150g
ミックスチーズ…適量
バター…適量

（※保存容器に入れ、冷蔵で5日間保存可能）

作り方

❶ 器にバターを塗り、ラザニア、ミートソース、ラザニア、ホワイトソース、ラザニア、ミートソースの順に重ね、チーズをかける。
❷ 200℃に温めたオーブンで20分焼く。

ホワイトソースの作り方

材料（作りやすい分量）

バター…30g
小麦粉…大さじ4
牛乳…500ml
コンソメ（顆粒）…小さじ1
塩、こしょう…各適量

（※保存容器に入れ、冷蔵で3日間保存可能）

作り方

❶ フライパンにバターを入れて弱火で熱し、小麦粉を加えて炒める。しっかり小麦粉に火を通す。

❷ 牛乳を少しずつ加え、そのつどよく混ぜ合わせる。しっかり練ってなめらかにする。

❸ コンソメを加え、塩、こしょうで味をととのえる。

**いちごカスタードの
タルトマフィン**

タルト生地を焼いて底に入れたマフィン。クランブルとタルトのサクサク感がカスタードクリームとよく合います。
作り方→86ページ

SPECIAL

特別なときの
とっておき
スペシャルマフィン

デザートマフィンとおかずマフィンに
ひと工夫するだけでサプライズにぴったりな
スペシャルマフィンのでき上がりです。
パーティーや持ち寄り、手土産にうれしい
アイディアレシピをご紹介します。

アップルパイマフィン

サクサクのアップルパイと、ふ
わふわのマフィンが一緒になっ
た贅沢なマフィンです。市販の
パイシートを使うからとっても
簡単です。
作り方→87ページ

Strawberry Custard Tart Muffin
いちごカスタードのタルトマフィン

材料 (マフィン6個型1台分)

A ┌ バター…90g
  │ ブラウンシュガー…90g
  └ グラニュー糖…大さじ1

ヨーグルト…大さじ1
卵…2個
牛乳…90㎖

B ┌ 薄力粉…200g
  │ ベーキングパウダー…小さじ2
  └ 塩…ひとつまみ

いちご…12粒
カスタードクリーム（下記）
…90g（大さじ6）
タルト生地（下記）…6枚
クランブル（p.28）…適量
アイシング（白）（p.9）…適量

下準備
＊バター、卵、牛乳は室温に戻す。　＊Bは合わせてふるいにかける。　＊型にグラシンカップを入れる。　＊オーブンを190℃に温めておく。

作り方

STEP.1　生地を作る

❶ ボウルにAを入れ、白っぽくなるまで泡立て器で混ぜ合わせる。
❷ ヨーグルトを加え、泡立て器でしっかり混ぜる。
❸ 溶いた卵を3回に分けて加え、そのつど混ぜ合わせる。
❹ Bの粉類の1/3量を加えゴムベラでさっくりと混ぜ合わせる。粉っぽさが残っているうちに牛乳を半量加えて混ぜる。
❺ B、牛乳、Bの順に加えてそのつど混ぜ合わせ、最後に粉っぽさがなくなるまでさっくりと混ぜる。

STEP.2　具材を加える

❶ 型に焼いたタルト生地を入れ、生地を全量入れる。スプーンの背を押しつけくるりと回して穴をあけ（p.8）、カスタードクリームを大さじ1ずつ入れる。
❷ いちごを適当な大きさに切り、2個分ずつ入れ、クランブルをのせる。

STEP.3　焼いて仕上げる

❶ 190℃に温めたオーブンで20分焼く。
❷ 型ごとケーキクーラーにのせて粗熱を取り、型から外す。
❸ アイシングで仕上げる。

タルト生地の作り方

材料（作りやすい分量）
バター…100g
薄力粉…200g
粉糖…20g
卵黄…1個分

※ラップで包み、冷蔵で1週間保存可能

作り方

❶ バターは室温に戻し、薄力粉はふるっておく。
❷ ボウルにバターと粉糖を入れ泡立て器ですり混ぜる。
❸ 卵黄を加えてよく混ぜ、薄力粉を加えてゴムベラに持ち替え、さっくりと混ぜる。
❹ 15gずつ丸めてマフィン型に入れ、底に合わせてつぶし、天板の上に並べて170℃に温めたオーブンで15分焼く。

カスタードクリームの作り方

トロッと甘くてバニラ風味のやさしいクリーム。傷みやすいのでできたらすぐに冷蔵庫で保存するように気をつけて。

材料（作りやすい分量）

A ┌ 卵黄…2個分
  │ グラニュー糖…75g
  └ バニラエッセンス…適量
薄力粉…大さじ2
牛乳…200㎖

※保存容器に入れ、冷蔵で3日間保存可能。

作り方

❶ ボウルにAを入れて泡立て器で白っぽくなるまですり混ぜる。

❷ 薄力粉をふるい入れ、粉っぽさがなくなるまで泡立て器で混ぜる。

❸ 牛乳を鍋に入れ、沸騰させる。

❹ ③を②に少しずつ加えそのつどよく混ぜる。半量加え終えたら、残りは一気に加えてよく混ぜる。

❺ フライパンに④をこし入れ中火にかける。

❻ 沸騰してから1分間ゴムベラで混ぜ続け火を止める。

❼ フライパンから出したらすぐに保存容器へ移し、ラップをぴったりとかけてふたをし、冷蔵庫に入れる。

APPLE PIE MUFFIN
アップルパイマフィン

材料 (マフィン6個型1台分)

A ┌ バター…90g
  │ ブラウンシュガー…90g
  └ グラニュー糖…大さじ1
ヨーグルト…大さじ1
卵…2個
牛乳…90㎖

B ┌ 薄力粉…200g
  │ ベーキングパウダー…小さじ2
  └ 塩…ひとつまみ
りんごの甘煮（p.33）…6切れ
パイシート（冷凍）…6枚（10×10㎝）
粉糖…適量

下準備
＊バター、卵、牛乳、冷凍パイシートは室温に戻す。
＊Bは合わせてふるいにかける。
＊パイシートは10㎝四方にカットする。
＊オーブンを190℃に温めておく。

作り方

STEP.1　生地を作る

❶ ボウルにAを入れ、白っぽくなるまで泡立て器で混ぜ合わせる。
❷ ヨーグルトを加え、泡立て器でしっかり混ぜる。
❸ 溶いた卵を3回に分けて加え、そのつど混ぜ合わせる。
❹ Bの粉類の1/3量を加えゴムベラでさっくりと混ぜ合わせる。
　　粉っぽさが残っているうちに牛乳を半量加えて混ぜる。
❺ B、牛乳、Bの順に加えてそのつど混ぜ合わせ、最後に粉っぽさがなくなるまでさっくりと混ぜる。

STEP.2　パイ生地を焼く

型にしいて重石をのせ、200℃に温めたオーブンで10分焼いて型のまま粗熱を取る。

STEP.3　具材を加える

パイ生地の上にマフィン生地を全量入れ、りんごの甘煮を1切れ3等分に切り、3つずつ入れる。

STEP.4　焼いて仕上げる

❶ 190℃に温めたオーブンで25分焼く。
❷ 型ごとケーキクーラーにのせて粗熱を取り、型から外す。
❸ 粉糖をふって仕上げる。

型からはみ出すくらいの大きさのパイシートを型にぴったりと合わせて焼く。

プチマフィン

直径7cm型のマフィン1個分の生地で、直径5cm型のマフィンが3個作れます。いろんな味を詰めれば贈り物にも最適です。

PETIT MUFFIN
プチマフィン

作り方（マフィン12個型1.5台分）
生地は基本のマフィン6個（p.12～13、p.60～61）と同様に作り、具材の分量は調整してください。小さめのスプーンで穴をあけ、フィリングを入れましょう。焼き時間は190℃で15分が目安。

いちご＆
レアチーズ
（P18）

チョコ
ブロック
（P14）

チェダーチーズ＆
くるみ
（P66）

お好みの具材でどうぞ！

かぼちゃ＆
クリームチーズ
（P24）

チキンと
ほうれん草の
グラタン
（P75）

カプレーゼ
（P62）

マフィンのラッピングアイディア

焼きっぱなしで作れるマフィンは、持ち運びしやすく、バリエーションもいろいろできるので
お礼の手土産やちょっとしたプレゼントにもぴったりです。
身近にあるアイテムで手軽に、だけどおしゃれに、贈った相手が笑顔になるラッピング術をご紹介します。

WRAP
包む

特別な包装紙じゃなくても、包み方しだいでぐんとおしゃれになります。

ビニール袋

定番のビニールの袋。油分の多いものにも強く乾燥も防げます。口の部分はラッピングタイやマスキングテープ、麻ひもなど好みのもので留めて。

紙

ワックスペーパーや素材感のあるクラフト紙の紙袋は入れるだけでおしゃれに見える便利なアイテム。油が気になるときは包んでから入れてください。

テトラ折り

紙袋にひと工夫したころんとしたテトラ折り。封筒の口を開き、前後の中心線を合わせて折り曲げるだけ。テトラポットのような形のラッピングアイディア。ひもで持ち手をつけても。

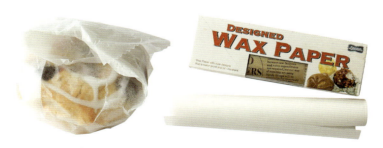

ワックスペーパー

油に強く半透明で中が透けて見えるから、お菓子を包むのに最適。白だけでなく柄入りもあり、好きな大きさにカットできるのもポイントです。マフィンの形に合わせてぴったり包めるから、乾燥に強いのもうれしい。マスキングテープなどで留めたり、麻ひもで十字に結んだりしてもかわいく仕上がります。

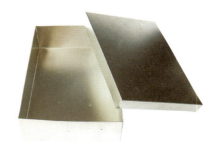

ボックス

ちょっとかしこまった場に持って行くときはボックスに詰めて。隙間なくしき詰めればマフィンが移動せず、きれいな状態で持ち運べます。ワックスペーパーをしき、ざっくりとしたラフな入れ方など、贈り先によって変えても。

DECORATE
飾る・添える

入れ物を変えたり、メッセージを添えたりすれば、特別感が出ます。

カード

マフィンのイメージに合わせて、カードを選んでも。ちょっとしたプレゼントに添えると喜ばれます。

便箋＆封筒

プレゼントにはメッセージを添えたい。そんなときは便箋と封筒を使いましょう。メールよりも贈る気持ちがちゃんと伝わるはず。

タグ

「Thanks!」の一言メッセージ付きのタグ。おしゃれな黒だからシンプルなラッピングのワンポイントになってくれます。

カップ

ポップなストライプ柄のカップならプレゼントにぴったりのマフィンに。贈られた人がハッピーな気持ちになれそう。

ロゼット

リボンでもよいのですが、たまには趣向を変えて遊び心のあるものを添えても。箱や袋にペタッとつけるだけで贈り物らしさが増します。

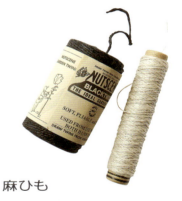

麻ひも

カジュアルなプレゼントにぴったりの麻ひも。袋の口を結んだり、リボン代わりに箱にかけたりとさりげない演出に。

Daily's Muffinのラッピング

ショップのラッピングは、自宅用に買う人もプレゼントに買う人も、みんな同じにしています（箱は有料）。素朴なクラフト紙の袋に、店名のスタンプをペタン。仕上げにはカットした端切れをピンチで留めて。かすれ具合が残るスタンプや小さくカットした端切れなど、手作り感を大切に。そして1つ1つ、丁寧に。そんな思いを込めてラッピングをしています。

紙袋に入れて

端切れを集めるファンも多い定番のラッピング。

箱に入れて

個数に合わせて3サイズあるクラフトボックス。ワックスペーパーをしいてシンプルに。

基本の道具

ボウル1つでできるマフィンだから、道具もシンプル。これだけあれば大丈夫という基本の道具をご紹介します。

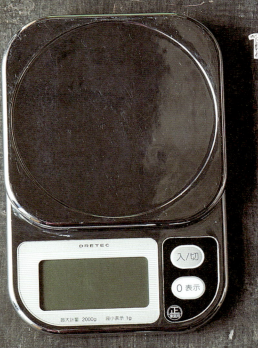

1 スケール

粉や砂糖などを量るときに使います。昔ながらの針のタイプでも大丈夫ですが、数字が細かく表示されるデジタルスケールが便利です。

2 計量カップ

牛乳や生クリームなどの液体を量るときに使います。数字に色がついているなど、見やすいものがおすすめです。量るときは台の上など水平なところに置いて使うのが基本です。

3 計量スプーン

本書では大さじは15㎖、小さじは5㎖を使います。あれば1㎖の極小さじも便利。使うときはすり切りが基本です。

4 ふるい

粉類のダマをなくすために使います。目が細かくシンプルな形のほうが使いやすいのでおすすめです。

5 ボウル

ボウルは直径23㎝くらいの深めのタイプが混ぜやすくて便利。素材はステンレスやガラスなど好みのものを使ってください。

6 グラシンカップ

耐水性、耐油性にすぐれたグラシン紙でできたカップ。薄くて型に収まりやすく使いやすいため、マフィンの底紙としてよく使われます。

7 マフィン型

直径7㎝のマフィン6個が一度に焼ける6個型を使用。素材はテフロンやブリキ、シリコーンなどさまざま。本誌のレシピはどの型でもおいしく焼けます。型によって熱の伝導率が変わるため、焼くときは時間調整が必要です。

8 泡立て器

液体を混ぜ合わせたり、空気を含ませるときなどに欠かせない泡立て器。自分の手になじむ使いやすいサイズを選んでください。

9 ゴムベラ

粉を混ぜ合わせるときなど、練らずに混ぜたいときはゴムベラが便利。ヘラと持ち手が一体になっているものが混ぜやすくておすすめです。

基本の材料

とっても簡単に作れておいしいマフィン。
材料は家にある、普通にスーパーで買える素材が基本だから毎日作れます。
デザートマフィンの素材は9種類、おかずマフィンはブラウンシュガーの代わりにコーングリッツを、
それにブラックペッパーを加えた10種類でできます。

**1 ベーキング
パウダー**

膨張材の一種。イーストのように発酵させる必要がなく、材料を混ぜて熱を加えると生地をふくらませてふんわり仕上げてくれます。

**2 ブラウン
シュガー**

精製していない茶色の砂糖。独特の風味と甘さで素朴な味わいを出すことができます。

3 ヨーグルト

無糖タイプを使用。酸味が加わることでさっぱりとした味わいになります。

4 グラニュー糖
白くてさらさらした精製糖の1つ。味にクセがないのでお菓子作りにおすすめです。

5 塩
ほんの少し加えるだけで、しっかりとしたコクのある生地にしてくれる効果があります。ひとつまみは指先でつまんだ量を目安にしてください。

6 バター
食塩不使用のものを使用。風味が豊かで味に深みが生まれます。使うときは室温（指が入るくらい）に戻してからクリーム状にするのを忘れずに。

7 薄力粉
弾力をほどよく抑え、お菓子に向いている小麦粉。小麦粉は弾力の素であるグルテンの量で薄力、中力、強力に分けられます。

8 卵
生地をふんわりと仕上げてくれる卵。使うときは室温に戻し、他の材料と混ざりやすくすると失敗もありません。

9 牛乳
全体をなめらかにする牛乳は室温に戻してから使います。少しずつ加えると他の材料と分離せずよく混ざります。

デザイン	藤田康平（Barber）
撮影	安彦幸枝
スタイリング	曲田有子
取材	守屋かおる
イラスト	yamyam
編集	櫻岡美佳

材料提供
cuoca（クオカ）
0120-863-639（10：00〜18：00）
http://www.cuoca.com

古家和行　古家あゆみ（デイリーズ マフィン）
東京、蔵前に店舗を構えるマフィン専門店。インテリア会社でバイヤーをしていた夫の和行さんと老舗洋菓子店でパティシエとして勤めていた妻のあゆみさんが、仙台でスタート。2014年1月に本店を蔵前へ移し、イベントなどの出店も精力的に行なう。レシピは毎週変わり、これまでのレシピ数は700種類以上。現在も増え続けている。

デイリーズ マフィン
東京都台東区蔵前2-3-1-101　TEL03-3865-4451
営業日　火〜金曜日（8：00〜）／土曜日（11：00〜）
※売り切れしだい終了
定休日　日曜・祝日
http://dailysmuffin.jp

[新版]
外はカリっと、中はしっとり！
まいにち食べたい
デイリーズマフィン
2025年4月22日　初版第1刷発行

著　者	古家和行　古家あゆみ（デイリーズ マフィン）
発行者	角竹輝紀
発行所	株式会社 マイナビ出版
	〒101-0003 東京都千代田区一ツ橋2-6-3 一ツ橋ビル2F
	TEL　0480-38-6872［注文専用ダイヤル］
	03-3556-2731［販売部］
	03-3556-2735［編集部］
	URL　https://book.mynavi.jp
印刷・製本	シナノ印刷

◎ 本書は『外はカリッと、中はしっとり！まいにち食べたいデイリーズマフィン』（2014年刊）を加筆修正したものです。
◎ 底本の店内写真は2014年のものです。あらかじめご了承ください。
◎ 定価はカバーに記載してあります。
◎ 乱丁・落丁本はお取り替えいたします。お問い合わせは、TEL：0480-38-6872［注文専用ダイヤル］または、電子メール：sas@mynavi.jpまでお願いいたします。
◎ 内容に関するご質問等がございましたら、往復はがき、または封書の場合は返信用切手、返信用封筒を同封の上、マイナビ出版編集第3部書籍編集2課までお送りください。
◎ 本書は著作権法上の保護を受けています。本書の一部あるいは全部について、著者、発行者の許諾を得ずに無断で複写、複製することは禁じられています。

ISBN978-4-8399-8867-8　C2077
©2025 Kazuyuki Furuya Ayumi Furuya　©2025 Mynavi Publishing Corporation
Printed in Japan